Mükemmel Pişirme Sanatı Sous-Vide'nin Sırları

Eren Yılmaz

İçerik

Tatlı ve ekşi tavuk kanatları

Hazırlama + pişirme süresi: 2 saat 15 dakika | Porsiyon: 2

İçindekiler

12 tavuk kanadı

Tatmak için tuz ve karabiber

1 su bardağı tavuklu karışım

½ bardak su

½ bardak tamari sosu

½ doğranmış soğan

5 diş sarımsak, doğranmış

2 çay kaşığı toz zencefil

2 yemek kaşığı esmer şeker

¼ bardak mirin

Dekorasyon için susam tohumları

Mısır nişastası lapası (1 yemek kaşığı mısır nişastası ve 2 yemek kaşığı su ile karıştırılmış)

Kızartmak için zeytinyağı

Talimatlar

Bir su banyosu hazırlayın ve içine Sous Vide'yi yerleştirin. 147F'ye ayarlayın.

Tavuk kanatlarını açılıp kapanabilir bir torbaya koyun, tuz ve karabiber ekleyin. Suyu sıkarak havayı serbest bırakın, torbayı kapatın ve su banyosuna daldırın. 2 saat pişirin. Zamanlayıcı durduktan sonra torbayı çıkarın. Bir tavayı yağla ısıtın.

Bir kapta 1/2 su bardağı pişmiş karışımı ve 1/2 su bardağı suyu birleştirin. Kalan pişirme karışımını başka bir kaseye dökün. Kanatları önce ıslak karışıma, sonra kuru karışıma batırın. Çıtır ve altın rengi kahverengi olana kadar 1-2 dakika kızartın.

Sos için tencereyi ısıtın ve tüm malzemeleri içine dökün; köpürene kadar pişirin. Kanatları karıştırın. Susam serpip servis yapın.

Narenciye tavuk göğsü

Hazırlama + pişirme süresi: 3 saat | Porsiyon: 2

İçindekiler

1½ yemek kaşığı taze sıkılmış portakal suyu

1½ yemek kaşığı taze sıkılmış limon suyu

1½ yemek kaşığı esmer şeker

1 yemek kaşığı Pernod

1 yemek kaşığı zeytinyağı

1 yemek kaşığı tam tahıl

1 çay kaşığı kereviz tohumu

Tadına göre tuz ekleyin

¾ çay kaşığı karabiber

2 tavuk göğsü, kemikli, derili

1 rezene, kesilmiş ve dilimlenmiş

2 clementines, soyulmamış ve dilimlenmiş

İnce kıyılmış dereotu

Talimatlar

Bir su banyosu hazırlayın ve içine Sous Vide'yi yerleştirin. 146F'ye ayarlayın.

Bir kapta limon suyu, portakal suyu, Pernod, zeytinyağı, kereviz tohumu, esmer şeker, hardal, tuz ve karabiberi karıştırın. İyice karıştırın. Tavuk göğsünü, dilimlenmiş clementine'i ve dilimlenmiş rezeneyi açılıp kapanabilir bir torbaya koyun. Portakallı karışımı ekleyin. Suyu sıkarak havayı serbest bırakın, torbayı kapatın ve su banyosuna daldırın. 2 saat 30 dakika pişirin. Zamanlayıcı durduktan sonra torbayı çıkarın ve içindekileri bir kaseye aktarın. Tavuğu boşaltın ve suyu ısıtılmış bir tencereye koyun.

Kabarcıklar oluşana kadar yaklaşık 5 dakika pişirin. Çıkarıp tavuğa ekleyin. 6 dakika içinde altın kahverengi olana kadar pişirin. Tavukları tabağa alıp üzerine sosu gezdirip servis yapın. Dereotu ve rezene yapraklarıyla süsleyin.

Enginar ile doldurulmuş tavuk

Hazırlama + pişirme süresi: 3 saat 15 dakika | Porsiyon: 6

İçindekiler:

2 kilogram tavuk göğsü filetosu, kelebek şeklinde kesilmiş

½ su bardağı doğranmış bebek ıspanak

8 ezilmiş sarımsak

10 adet enginar kalbi

Tatmak için tuz ve beyaz biber

4 yemek kaşığı zeytinyağı

Talimatlar:

Enginar, biber ve sarımsağı mutfak robotunda karıştırın. Tamamen pürüzsüz olana kadar karıştırın. Tekrar karıştırın ve iyice birleşene kadar yavaş yavaş yağı ekleyin.

Her göğsün içini eşit miktarda enginar karışımı ve doğranmış körpe ıspanakla doldurun. Göğüs filetosunu geriye doğru katlayın ve kenarını tahta bir şişle sabitleyin. Tuz ve beyaz biberle tatlandırın, ardından vakumla kapatılabilen ayrı bir torbaya koyun. Torbaları kapatın ve Sous Vide'yi 149F'de 3 saat pişirin.

Pastırmalı çıtır tavuk sarma

Hazırlama + pişirme süresi: 3 saat 15 dakika | Porsiyon: 2

İçindekiler

1 tavuk göğsü

2 şerit pancetta

2 yemek kaşığı Dijon hardalı

1 yemek kaşığı rendelenmiş Pecorino Romano peyniri

Talimatlar

Bir su banyosu hazırlayın ve içine Sous Vide'yi yerleştirin. 146F'ye ayarlayın. Tavukları tuzla karıştırın. Her iki tarafını da Dijon hardalı ile marine edin. Üzerine Pecorino Romano peyniri ekleyin ve pancetta'yı tavuğun etrafına sarın.

Vakumla kapatılabilen bir torbaya yerleştirin. Suyu sıkarak havayı serbest bırakın, torbayı kapatın ve su banyosuna daldırın. 3 saat pişirin. Zamanlayıcı durduktan sonra tavuğu çıkarın ve kurulayın. Tavayı orta ateşte ısıtın ve kızarana kadar kızartın.

Güneşte kurutulmuş domatesli tavuk

Hazırlama + pişirme süresi: 1 saat 15 dakika | Porsiyon: 3

İçindekiler:

1 kilo tavuk göğsü, derili ve kemiksiz

½ su bardağı güneşte kurutulmuş domates

1 çay kaşığı çiğ bal

2 yemek kaşığı taze limon suyu

1 yemek kaşığı taze nane, ince doğranmış

1 yemek kaşığı kıyılmış arpacık soğanı

1 yemek kaşığı zeytinyağı

Tatmak için tuz ve karabiber

Talimatlar:

Tavuk göğsünü soğuk akan su altında durulayın ve mutfak kağıdıyla kurulayın. Bir kenara koyarsın, görmezden gelirsin.

Orta boy bir kapta limon suyu, bal, nane, arpacık soğanı, zeytinyağı, tuz ve karabiberi birlikte çırpın. İyice karıştırın. Tavuk göğsünü ve güneşte kurutulmuş domatesleri ekleyin. Her şeyi iyice kaplamak için sallayın. Her şeyi yeniden kapatılabilir büyük bir torbaya koyun. Havayı çıkarmak için torbayı sıkın ve kapağı kapatın. Sous

Vide'yi 167F'de 1 saat pişirin. Su banyosundan çıkarın ve hemen servis yapın.

Soya soslu sebzeli tavuk.

Hazırlama + pişirme süresi: 6 saat 25 dakika | Porsiyon: 4

İçindekiler

1 bütün tavuk, kemikli, bükülmüş

1 litre düşük sodyumlu tavuk suyu

2 yemek kaşığı soya sosu

5 dal taze adaçayı

2 adet kuru defne yaprağı

2 su bardağı dilimlenmiş havuç

2 su bardağı dilimlenmiş kereviz

½ ons kurutulmuş mantar

3 yemek kaşığı tereyağı

Talimatlar

Bir su banyosu hazırlayın ve içine Sous Vide'yi yerleştirin. 149F'ye ayarlayın.

Soya sosunu, tavuk suyunu, otları, sebzeleri ve tavuğu karıştırın. Vakumla kapatılabilen bir torbaya yerleştirin. Suyu sıkarak havayı serbest bırakın, torbayı kapatın ve su banyosuna daldırın. 6 saat pişirin.

Zamanlayıcı durduktan sonra tavuğu çıkarın ve sebzeleri boşaltın. Tepsi ile kurulayın. Zeytinyağı, tuz ve karabiberle tatlandırın. Fırını önceden 450 F'ye ısıtın ve 10 dakika pişirin. Pişirme suyunu tencerede karıştırın. Ateşten alın ve tereyağı ile karıştırın. Tavuğu derisiz dilimleyin, koşer tuzu ve karabiberle tatlandırın. Bir tabakta servis yapın. Sosun üzerine dökün.

Fındıklı Çin usulü tavuk salatası

Hazırlama + pişirme süresi: 1 saat 50 dakika | Porsiyon: 4

İçindekiler

4 adet büyük derisiz ve kemiksiz tavuk göğsü

Tatmak için tuz ve karabiber

¼ bardak bal

¼ bardak soya sosu

3 yemek kaşığı fıstık ezmesi, eritilmiş

3 yemek kaşığı susam yağı

2 yemek kaşığı bitkisel yağ

4 çay kaşığı sirke

½ çay kaşığı füme kırmızı biber

1 baş buzdağı marul, yırtılmış

3 taze soğan, doğranmış

¼ bardak kıyılmış fındık, kızartılmış

¼ bardak kavrulmuş susam

2 bardak wonton şeridi

Talimatlar

Bir su banyosu hazırlayın ve içine Sous Vide'yi yerleştirin. 152F'ye ayarlayın.

Tavuğu tuz ve karabiberle karıştırıp vakumlu poşete koyun. Suyu sıkarak havayı serbest bırakın, torbayı kapatın ve su banyosuna daldırın. 90 dakika pişirin.

Bu arada bal, soya sosu, fıstık ezmesi, susam yağı, bitkisel yağ, sirke ve kırmızı biberi karıştırın. Pürüzsüz olana kadar karıştırın. Buzdolabında soğumaya bırakın.

Zamanlayıcı durduktan sonra tavuğu çıkarın ve bir mutfak havlusuyla kurulayın. Pişirme sıvısını dökün. Tavuk göğsünü küçük parçalar halinde kesin ve bir salata kasesine koyun. Salatayı, taze soğanı ve fındığı ekleyin. Üzerine pansumanı dökün. Susam tohumları ve wonton şeritleriyle süsleyin.

Kırmızı biberli tavuk öğle yemeği

Hazırlama + pişirme süresi: 1 saat 15 dakika | Porsiyon: 2

İçindekiler

1 kemiksiz tavuk göğsü, ikiye bölünmüş

Tatmak için tuz ve karabiber

zevkinize biber

1 yemek kaşığı kırmızı biber

1 yemek kaşığı sarımsak tozu

Talimatlar

Bir su banyosu hazırlayın ve içine Sous Vide'yi yerleştirin. 149F'ye ayarlayın. Tavuğu durulayın ve bir fırın tepsisine kurutun. Sarımsak tozu, kırmızı biber, karabiber ve tuzla tatlandırın. Vakumla kapatılabilen bir torbaya yerleştirin. Suyu sıkarak havayı serbest bırakın, kapatın ve bir su banyosuna daldırın. 1 saat pişirin. Zamanlayıcı durduktan sonra tavuğu çıkarın ve servis yapın.

Biberiyeli tavuk güveç

Hazırlama + pişirme süresi: 4 saat 15 dakika | Porsiyon: 2

İçindekiler

2 tavuk budu

6 diş ezilmiş sarımsak

¼ çay kaşığı bütün karabiber

2 adet defne yaprağı

¼ bardak koyu soya sosu

¼ bardak beyaz sirke

1 yemek kaşığı biberiye

Talimatlar

Bir su banyosu hazırlayın ve içine Sous Vide'yi yerleştirin. 165F'ye ayarlayın. Tavuk butlarını tüm malzemelerle karıştırın. Vakumla kapatılabilen bir torbaya yerleştirin. Suyu sıkarak havayı serbest bırakın, kapatın ve bir su banyosuna daldırın. 4 saat pişirin.

Zamanlayıcı durduktan sonra tavuğu çıkarın, defne yaprağını atın ve pişirme suyunu saklayın. Kanola yağını bir tavada orta ateşte ısıtın ve tavukları kızartın. Pişirme suyunu ekleyin ve istenilen kıvama gelinceye kadar pişirin. Sosu süzün ve tavukları doldurun.

Mantarlı çıtır tavuk

Hazırlama + pişirme süresi: 1 saat 15 dakika | Porsiyon: 4

İçindekiler

4 kemiksiz tavuk göğsü

1 su bardağı panko galeta unu

1 kiloluk dilimlenmiş portobello mantarı

Küçük bir demet kekik

2 yumurta

Tatmak için tuz ve karabiber

Tatmak için kolza yağı

Talimatlar

Bir su banyosu hazırlayın ve içine Sous Vide'yi yerleştirin. 149F'ye ayarlayın.

Tavuğu vakumla kapatılabilen bir torbaya koyun. Tuz ve kekikle tatlandırın. Suyu sıkarak havayı serbest bırakın, kapatın ve bir su banyosuna daldırın. 60 dakika pişirin.

Bu arada bir kızartma tavasını orta ateşte ısıtın. Mantarlar suyunu çekene kadar pişirin. 3-4 dal kekik ekleyin. Tuz ve karabiber ekleyin. Zamanlayıcı durduktan sonra torbayı çıkarın.

Bir tavayı orta ateşte yağla ısıtın. Panko'yu tuz ve karabiberle karıştırın. Tavuğu panko karışımına katlayın. Her iki tarafını da 1-2 dakika kızartın. Mantarlarla servis yapın.

Balkabağı güveçte baharatlı tavuk

Hazırlama + pişirme süresi: 1 saat 15 dakika | Porsiyon: 2

İçindekiler

6 adet tavuk fileto

4 su bardağı balkabağı, doğranmış ve kavrulmuş

4 bardak roka

4 yemek kaşığı dilimlenmiş badem

1 limonun suyu

2 yemek kaşığı zeytinyağı

4 yemek kaşığı kırmızı soğan, ince doğranmış

1 yemek kaşığı kırmızı biber

1 yemek kaşığı zerdeçal

1 yemek kaşığı kimyon

Tadına göre tuz ekleyin

Talimatlar

Bir su banyosu hazırlayın ve içine Sous Vide'yi yerleştirin. 138F'ye ayarlayın.

Tavuğu ve tüm baharatları açılıp kapanabilir bir torbaya koyun. Suyu sıkarak havayı serbest bırakın, kapatın ve bir su banyosuna daldırın. 60 dakika pişirin.

Zamanlayıcı durduktan sonra torbayı çıkarın ve tavuğu sıcak tavaya aktarın. Taraf başına 1 dakika kızartın. Diğer malzemeleri bir kapta karıştırın. Tavukları salatayla birlikte servis yapın.

Fıstık ezmesi soslu kişnişli tavuk

Hazırlama + pişirme süresi: 1 saat 40 dakika | Porsiyon: 2

İçindekiler

4 tavuk göğsü

1 poşet karışık salata

1 demet kişniş

2 salatalık

2 havuç

1 paket wonton sarmalayıcı

kızartmalık yağ

¼ bardak fıstık ezmesi

1 misket limonunun suyu

2 yemek kaşığı kıyılmış kişniş

3 diş sarımsak

2 yemek kaşığı taze zencefil

½ bardak su

2 yemek kaşığı beyaz sirke

1 yemek kaşığı soya sosu

1 çay kaşığı balık sosu

1 çay kaşığı susam yağı

3 yemek kaşığı kolza yağı

Talimatlar

Bir su banyosu hazırlayın ve içine Sous Vide'yi yerleştirin. 149F'ye ayarlayın. Tavuğu tuz ve karabiberle tatlandırın ve vakumlu bir torbaya koyun. Suyu sıkarak havayı serbest bırakın, torbayı kapatın ve su banyosuna daldırın. 60 dakika pişirin. Salatalığı, kişnişi ve havucu doğrayıp salataya karıştırın.

Bir tencereyi 350F'ye ısıtın ve yağla doldurun. Wontonları parçalara ayırın ve çıtır çıtır olana kadar kızartın. Fıstık ezmesini, limon suyunu, taze zencefili, kişnişi, suyu, beyaz sirkeyi, balık sosunu, soya sosunu, susam tohumlarını ve kanola yağını bir mutfak robotuna yerleştirin. Pürüzsüz olana kadar karıştırın.

Zamanlayıcı dolduğunda tavuğu çıkarın ve sıcak tavaya aktarın. Taraf başına 30 saniye kızartın. Wonton şeritlerini salatayla karıştırın. Tavuğu dilimleyin. Salatanın üzerine servis yapın. Üzerine pansumanı dökün.

Tavuk ve pırasa güveç

Hazırlama + pişirme süresi: 70 dakika | Porsiyon: 4

İçindekiler

6 derisiz tavuk göğsü

Tatmak için tuz ve karabiber

3 yemek kaşığı tereyağı

1 büyük pırasa, çapraz dilimlenmiş

½ bardak panko

2 yemek kaşığı kıyılmış maydanoz

1 oz. Copoundy Jack peyniri

1 yemek kaşığı zeytinyağı

Talimatlar

Bir su banyosu hazırlayın ve içine Sous Vide'yi yerleştirin. 146F'ye ayarlayın.

Tavuk göğüslerini vakumla kapatılabilen bir torbaya koyun. Tuz ve karabiber ekleyin. Suyu sıkarak havayı serbest bırakın, kapatın ve bir su banyosuna daldırın. 45 dakika pişirin.

Bu arada bir tavayı tereyağ ile yüksek ateşte ısıtın ve pırasaları pişirin. Tuz ve karabiber ekleyin. İyice karıştırın. Isıyı azaltın ve 10 dakika pişmeye bırakın.

Tavayı orta ateşte tereyağıyla ısıtın ve panko'yu ekleyin. Kızarana kadar pişirin. Bir kaseye aktarıp kaşar peyniri ve kıyılmış maydanozla karıştırın. Zamanlayıcı durduktan sonra göğüsleri çıkarın ve kurulayın. Tavayı yüksek ateşte zeytinyağıyla ısıtın ve her iki tarafını da 1 dakika kızartın. Pırasanın üzerine servis yapın ve panko karışımıyla süsleyin.

Hardallı tavuk budu

Hazırlama + pişirme süresi: 2 saat 30 dakika | Porsiyon: 4

İçindekiler

4 bütün tavuk budu

Tatmak için tuz ve karabiber

2 yemek kaşığı zeytinyağı

2 arpacık, ince dilimlenmiş

3 diş sarımsak, ince dilimlenmiş

½ bardak sek beyaz şarap

1 su bardağı tavuk suyu

¼ bardak tam tahıllı hardal

1 su bardağı yarım buçuk krema

1 çay kaşığı zerdeçal

2 yemek kaşığı taze tarhun, kıyılmış

1 yemek kaşığı taze kekik, kıyılmış

Talimatlar

Bir su banyosu hazırlayın ve içine Sous Vide'yi yerleştirin. 172F'ye ayarlayın. Tavukları tuz ve karabiberle tatlandırın. Zeytinyağını bir tavada yüksek ateşte ısıtın ve tavuk bacaklarını 5-7 dakika kızartın. Bir kenara koyarsın, görmezden gelirsin.

Aynı tavaya arpacık soğanı ve sarımsağı ekleyin. 5 dakika pişirin. Beyaz şarabı ekleyin ve köpürene kadar 2 dakika pişirin. Çıkarın ve tavuk suyunu ve hardalı dökün.

Hardal sosunu tavukla karıştırıp vakumlu poşete koyun. Suyu sıkarak havayı serbest bırakın, kapatın ve bir su banyosuna daldırın. 2 saat pişirin.

Zamanlayıcı durduğunda torbayı çıkarın, tavuğu bir kenara koyun ve pişirme sıvılarını ayırın. Pişirme sıvısını ve kremanın yarısını ısıtılmış tencereye koyun. Kabarcıklaşana ve yarısı buharlaşana kadar pişirin. Ateşten alıp tarhun, zerdeçal, kekik ve tavuk butlarını ekleyip karıştırın. İyice karıştırın. Tuz ve karabiber serpip servis yapın.

Peynirli ve nohutlu tavuk salatası

Hazırlama + pişirme süresi: 1 saat 30 dakika | Porsiyon: 2

İçindekiler

6 adet kemiksiz ve derisiz tavuk göğsü filetosu

4 yemek kaşığı zeytinyağı

2 yemek kaşığı acı sos

1 çay kaşığı öğütülmüş kimyon

1 çay kaşığı açık kahverengi şeker

1 çay kaşığı öğütülmüş tarçın

Tatmak için tuz ve karabiber

1 kutu süzülmüş nohut

½ su bardağı ufalanmış beyaz peynir

½ bardak ufalanmış queso fresk peyniri

½ bardak doğranmış fesleğen

½ su bardağı taze çekilmiş nane

4 çay kaşığı çam fıstığı, kızartılmış

2 çay kaşığı bal

2 çay kaşığı taze sıkılmış limon suyu

Talimatlar

Bir su banyosu hazırlayın ve içine Sous Vide'yi yerleştirin. 138F'ye ayarlayın. Açılıp kapanabilir bir torbaya tavuk göğsü, 2 yemek kaşığı zeytinyağı, acı sos, esmer şeker, kimyon ve tarçını koyun. Tuz ve karabiber ekleyin. Suyu sıkarak havayı serbest bırakın, torbayı kapatın ve su banyosuna daldırın. 75 dakika pişirin.

Bu arada nohut, fesleğen, queso fresco, nane ve çam fıstıklarını bir kapta karıştırın. Bal, limon suyu ve 2 yemek kaşığı zeytinyağı dökün. Tuz ve karabiber ekleyin. Zamanlayıcı durduktan sonra tavuğu çıkarın ve parçalara ayırın. Pişirme sıvısını dökün. Salatayı ve tavuğu birleştirin, iyice karıştırın ve servis yapın.

Peynirli karmaşık tavuk

Hazırlama + pişirme süresi: 60 dakika | Porsiyon: 2

İçindekiler

2 kemiksiz ve derisiz tavuk göğsü

Tatmak için tuz ve karabiber

2 çay kaşığı tereyağı

4 bardak salata

1 büyük domates, dilimlenmiş

1 ons kaşar peyniri, dilimlenmiş

2 yemek kaşığı kırmızı soğan, doğranmış

Taze fesleğen yaprakları

1 yemek kaşığı zeytinyağı

Servis için 2 dilim limon

Talimatlar

Bir su banyosu hazırlayın ve içine Sous Vide'yi yerleştirin. 146F'ye ayarlayın.

Tavuğu vakumla kapatılabilen bir torbaya koyun. Tuz ve karabiber ekleyin. Suyu sıkarak havayı serbest bırakın, torbayı kapatın ve su banyosuna daldırın. 45 dakika pişirin.

Zamanlayıcı durduktan sonra tavuğu çıkarın ve pişirme suyunu dökün. Tereyağlı bir tavayı yüksek ateşte ısıtın. Tavuğu altın kahverengi olana kadar kızartın. Servis tabağına aktarın. Marulu tavuğun arasına yerleştirin ve üzerine domates, kırmızı soğan, kaşar peyniri ve fesleğen serpin. Zeytinyağı, tuz ve karabiber serpin. Limon dilimleri ile servis yapın.

Çin usulü tavuk

Hazırlama + pişirme süresi: 1 saat 35 dakika | Porsiyon: 6

İçindekiler

1½ pound tavuk göğsü, kemiksiz ve derisiz

¼ bardak soğan, ince doğranmış

2 yemek kaşığı Worcestershire sosu

1 kaşık bal

1 çay kaşığı susam yağı

1 diş sarımsak, doğranmış

¾ çay kaşığı Çin beş baharat tozu

Talimatlar

Bir su banyosu hazırlayın ve içine Sous Vide'yi yerleştirin. 146F'ye ayarlayın.

Tavuğu, soğanı, balı, Worcestershire sosunu, susam yağını, sarımsağı ve beş baharatı vakumla kapatılabilen bir torbaya koyun. Suyu sıkarak havayı serbest bırakın, torbayı kapatın ve su banyosuna daldırın. 75 dakika pişirin. Bir tavayı orta ateşte ısıtın. Zamanlayıcı durduktan sonra torbayı çıkarın ve tavaya yerleştirin. 5 dakika içinde altın kahverengi olana kadar pişirin. Tavuğu madalyonlar halinde kesin.

Kekikli tavuk köfte

Hazırlama + pişirme süresi: 2 saat 20 dakika | Porsiyon: 4

İçindekiler

1 kilo kıyılmış tavuk

1 yemek kaşığı zeytinyağı

2 diş sarımsak, doğranmış

1 çay kaşığı taze kekik, kıyılmış

Tadına göre tuz ekleyin

1 yemek kaşığı kimyon

½ çay kaşığı rendelenmiş limon kabuğu

½ çay kaşığı karabiber

¼ bardak panko galeta unu

limon dilimleri

Talimatlar

Bir su banyosu hazırlayın ve içine Sous Vide'yi koyun. 146F'ye ayarlayın. Bir kasede öğütülmüş tavuk, sarımsak, zeytinyağı, kekik, limon kabuğu rendesi, kimyon, tuz ve karabiberi karıştırın. Elle en az 14 köfte yapın. Köfteleri vakumlu bir torbaya koyun. Suyu sıkarak havayı serbest bırakın, torbayı kapatın ve su banyosuna daldırın. 2 saat pişirin.

Zamanlayıcı durduktan sonra poşeti çıkarın ve köfteleri folyo kaplı bir fırın tepsisine aktarın. Tavayı orta ateşte ısıtın ve köfteleri 7 dakika kızartın. Üzerine limon dilimlerini yerleştirin.

Pirinç ve meyvelerle doldurulmuş Cornish tavuğu

Hazırlama + pişirme süresi: 4 saat 40 dakika | Porsiyon: 2

İçindekiler

2 bütün Cornish karaca

4 yemek kaşığı tereyağı artı 1 yemek kaşığı ekstra

2 bardak shitake mantarı, ince dilimlenmiş

1 su bardağı pırasa, ince doğranmış

¼ bardak ceviz, doğranmış

1 yemek kaşığı taze kekik, kıyılmış

1 su bardağı pişmiş yabani pirinç

¼ bardak kurutulmuş kızılcık

1 kaşık bal

Talimatlar

Bir su banyosu hazırlayın ve içine Sous Vide'yi yerleştirin. 149F'ye ayarlayın.

4 yemek kaşığı tereyağını bir tavada orta ateşte ısıtın, eriyince mantar, kekik, pırasa ve cevizleri ekleyin. 5-10 dakika pişirin. Pirinç ve yaban mersini ekleyin. Ateşten alın. 10 dakika soğumaya bırakın.

Karışımla tavuk boşluğunu doldurun. Bacaklarınızı bir araya getirin.

Tavukları vakumla kapatılabilen bir torbaya koyun. Su basıncı yöntemini kullanarak havayı serbest bırakın, kapatın ve torbayı banyoya daldırın. 4 saat pişirin. Bir tavayı yüksek ateşte ısıtın. Bal ve 1 yemek kaşığı eritilmiş tereyağını bir kasede karıştırın. Tavukların üzerine dökün. Tavukları 2 dakika kızartıp servis yapın.

Satranç Tavuk Ruloları

Hazırlama + pişirme süresi: 1 saat 45 dakika | Porsiyon: 2

İçindekiler

1 tavuk göğsü

¼ bardak krem peynir

¼ bardak jülyen doğranmış közlenmiş kırmızı biber

½ fincan gevşek paketlenmiş roka

6 dilim jambon

Tatmak için tuz ve karabiber

1 yemek kaşığı yağ

Talimatlar

Bir su banyosu hazırlayın ve içine Sous Vide'yi koyun. 155F'ye ayarlayın. Tavuğu boşaltın ve iyice öğütülene kadar dövün. Daha sonra ikiye bölün ve tuz ve karabiberle tatlandırın. Üzerine 2 yemek kaşığı krem peyniri yayıp közlenmiş kırmızı biber ve rokayı ekleyin.

Göğsü suşi gibi yuvarlayın ve üzerine 3 kat prosciutto koyup göğsü yuvarlayın. Vakumla kapatılabilen bir torbaya yerleştirin. Suyu sıkarak havayı serbest bırakın, kapatın ve bir su banyosuna daldırın. 90 dakika pişirin. Zamanlayıcı durduktan sonra tavuğu poşetten çıkarın ve pişirin. İnce ince dilimleyip servis yapın.

Tavuk ve bezelye ile nane salatası

Hazırlama + pişirme süresi: 1 saat 30 dakika | Porsiyon: 2

İçindekiler

6 adet kemiksiz tavuk göğsü filetosu

4 yemek kaşığı zeytinyağı

Tatmak için tuz ve karabiber

2 su bardağı beyazlatılmış bezelye

1 su bardağı taze doğranmış nane

½ bardak ufalanmış queso fresk peyniri

1 yemek kaşığı taze sıkılmış limon suyu

2 çay kaşığı bal

2 çay kaşığı kırmızı şarap sirkesi

Talimatlar

Bir su banyosu hazırlayın ve içine Sous Vide'yi yerleştirin. 138F'ye ayarlayın.

Tavuğu, zeytinyağıyla birlikte yeniden kapatılabilir bir torbaya koyun. Tuz ve karabiber ekleyin. Suyu sıkarak havayı serbest bırakın, torbayı kapatın ve su banyosuna daldırın. 75 dakika pişirin.

Bezelye, queso fresco ve naneyi bir kasede karıştırın. Limon suyu, şarap sirkesi, bal ve 2 yemek kaşığı zeytinyağını karıştırın. Tuz ve karabiber ekleyin.

Hazır olduğunuzda tavuk göğsünü çıkarın ve dilimleyin. Pişirme sıvısını atın. Hizmet ediyor.

Otlar ve mantar kremalı soslu tavuk

Hazırlama + pişirme süresi: 4 saat 15 dakika | Porsiyon: 2

İçindekiler

Tavuk için

2 derisiz ve kemiksiz tavuk göğsü

Tadına göre tuz ekleyin

1 yemek kaşığı dereotu

1 yemek kaşığı zerdeçal

1 çay kaşığı bitkisel yağ

sosu için

3 adet ince doğranmış arpacık soğan

2 diş ince kıyılmış sarımsak

1 çay kaşığı zeytinyağı

2 yemek kaşığı tereyağı

1 su bardağı dilimlenmiş mantar

2 yemek kaşığı porto şarabı

½ su bardağı tavuk suyu

1 su bardağı keçi peyniri

¼ çay kaşığı öğütülmüş karabiber

Talimatlar

Bir su banyosu hazırlayın ve içine Sous Vide'yi yerleştirin. 138F'ye ayarlayın. Tuz ve karabiberle tatlandırılmış tavuğu vakumlu bir torbaya koyun. Suyu sıkarak havayı serbest bırakın, torbayı kapatın ve su banyosuna daldırın. 4 saat pişirin.

Zamanlayıcı durduktan sonra torbayı çıkarın ve buz banyosuna aktarın. Soğumaya ve kurumaya bırakın. Bir kenara koyarsın, görmezden gelirsin. Yağı bir tavada yüksek ateşte ısıtın, arpacık soğanı ekleyin ve 2-3 dakika pişirin. Tereyağı, dereotu, zerdeçal ve sarımsağı ekleyip 1 dakika daha pişirin. Mantarları, şarabı ve et suyunu ekleyin. 2 dakika pişirin ve kremanın üzerine dökün. Sos koyulaşana kadar pişirmeye devam edin. Tuz ve karabiber ekleyin. Izgarayı duman çıkana kadar ısıtın. Tavuğu yağla yağlayın ve her iki tarafını da 1 dakika kızartın. Sosun üzerine dökün.

Gevrek kızarmış tavuk

Hazırlama + pişirme süresi: 2 saat | Porsiyon: 4

İçindekiler

8 tavuk budu

Tatmak için tuz ve karabiber

Islak karışım için

2 bardak soya sütü

1 yemek kaşığı limon suyu

Kuru karışım için

1 su bardağı un

1 su bardağı pirinç unu

½ bardak mısır nişastası

2 yemek kaşığı kırmızı biber

1 yemek kaşığı zencefil

Tatmak için tuz ve karabiber

Talimatlar

Bir su banyosu hazırlayın ve içine Sous Vide'yi yerleştirin. 154F'ye ayarlayın. Biber ve tuzla tatlandırılmış tavuğu vakumlu bir torbaya koyun. Suyu sıkarak havayı serbest bırakın, kapatın ve bir su banyosuna daldırın. 1 saat pişirin.

Zamanlayıcı durduktan sonra torbayı çıkarın. 15 dakika soğumaya bırakın. Bir tavayı yağla 400-425F'ye ısıtın. Bir kapta soya sütü ve limon suyunu karıştırarak ıslak bir karışım elde edin. Başka bir kapta protein unu, pirinç unu, mısır nişastası, zencefil, kırmızı biber, tuz ve toz kırmızı biberi karıştırarak kuru bir karışım elde edin.

Tavukları önce kuru karışıma, sonra ıslak karışıma batırın. 2-3 kez daha tekrarlayın. Fırına koyduk. Tavuk bitene kadar işlemi tekrarlayın. Tavukları 3-4 dakika kızartın. Bir kenara koyun ve 10-15 dakika soğumaya bırakın. Üstüne limon dilimleri ve sos sürün.

Bademli yeşil tavuk salatası

Hazırlama + pişirme süresi: 95 dakika | Porsiyon: 2

İçindekiler

2 tavuk göğsü, derisiz

Tatmak için tuz ve karabiber

1 su bardağı badem

1 yemek kaşığı zeytinyağı

2 yemek kaşığı şeker

4 kırmızı biber, ince dilimlenmiş

1 diş sarımsak, soyulmuş

3 yemek kaşığı balık sosu

2 çay kaşığı taze sıkılmış limon suyu

1 su bardağı kıyılmış kişniş

1 taze soğan, ince dilimlenmiş

1 sap limon otu, sadece beyaz kısmı, dilimlenmiş

1 2 inç zencefil, jülyen doğranmış

Talimatlar

Bir su banyosu hazırlayın ve içine Sous Vide'yi yerleştirin. 138F'ye ayarlayın. Tuz ve karabiberle tatlandırılmış tavuğu vakumlu bir torbaya koyun. Suyu sıkarak havayı serbest bırakın, torbayı kapatın ve su banyosuna daldırın. 75 dakika pişirin.

60 dakika sonra zeytinyağını bir tencerede 350F'ye ısıtın. Bademleri kuruyana kadar 1 dakika kadar kavurun. Şekeri, sarımsağı ve biberi karıştırın. Balık sosunu ve limon suyunu dökün.

Hazır olduğunuzda torbayı çıkarın ve soğumaya bırakın. Tavuk göğsünü parçalara ayırıp bir kaseye koyun. Pansumanı dökün ve iyice karıştırın. Kişniş, zencefil, limon otu ve kavrulmuş bademleri ekleyin. Biberle süsleyip servis yapın.

Sütlü hindistan cevizi tavuğu

Hazırlama + pişirme süresi: 75 dakika | Porsiyon: 2

İçindekiler

2 tavuk göğsü

4 yemek kaşığı hindistan cevizi sütü

Tatmak için tuz ve karabiber

sosu için

4 yemek kaşığı satay sosu

2 yemek kaşığı hindistan cevizi sütü

Biraz tamari sosu

Talimatlar

Bir su banyosu hazırlayın ve içine Sous Vide'yi yerleştirin. 138F'ye ayarlayın.

Tavuğu tekrar kapatılabilir bir torbaya koyun ve tuz ve karabiberle tatlandırın. 4 yemek kaşığı süt ekleyin. Suyu sıkarak havayı serbest bırakın, torbayı kapatın ve su banyosuna daldırın. 60 dakika pişirin.

Zamanlayıcı durduktan sonra torbayı çıkarın. Sos malzemelerini birleştirin ve mikrodalgayı 30 saniye boyunca ısıtın. Tavuğu dilimleyin. Bir tabağa alıp sosla kaplayarak servis yapın.

Roma usulü pastırma ve tavuk yemeği

Hazırlama + pişirme süresi: 1 saat 40 dakika | Porsiyon: 4

İçindekiler

4 küçük tavuk göğsü, kemiksiz ve derisiz

8 adaçayı yaprağı

4 dilim ince dilimlenmiş pastırma

Tatmak için karabiber

1 yemek kaşığı zeytinyağı

2 ons rendelenmiş fontina peyniri

Talimatlar

Bir su banyosu hazırlayın ve içine Sous Vide'yi yerleştirin. 146F'ye ayarlayın. Tavukları tuz ve karabiberle tatlandırın. Üzerine 2 adaçayı yaprağı ve 1 dilim pastırma koyun. Bunları vakumla kapatılabilen bir torbaya koyun. Suyu sıkarak havayı serbest bırakın, torbayı kapatın ve su banyosuna daldırın. 90 dakika pişirin.

Zamanlayıcı durduktan sonra torbayı çıkarın ve kurutun. Yağı bir tavada yüksek ateşte ısıtın ve tavukları 1 dakika kızartın. Tavuğu ters çevirin ve üzerine 1 yemek kaşığı fontina peyniri serpin. Tavayı kapatın ve peynirin erimesine izin verin. Tavuğu bir tabağa alıp adaçayı yapraklarıyla süsleyerek servis yapın.

Kiraz domates, avokado ve tavuk salatası

Hazırlama + pişirme süresi: 1 saat 30 dakika | Porsiyon: 2

İçindekiler

1 tavuk göğsü

1 avokado, dilimlenmiş

10 adet yarıya bölünmüş kiraz domates

2 su bardağı doğranmış marul

2 yemek kaşığı zeytinyağı

1 yemek kaşığı limon suyu

1 diş sarımsak, ezilmiş

Tatmak için tuz ve karabiber

2 çay kaşığı akçaağaç şurubu

Talimatlar

Bir su banyosu hazırlayın ve içine Sous Vide'yi yerleştirin. 138F'ye ayarlayın. Tavuğu vakumla kapatılabilen bir torbaya koyun. Tuz ve karabiber ekleyin. Suyu sıkarak havayı serbest bırakın, torbayı kapatın ve su banyosuna daldırın. 75 dakika pişirin.

Zamanlayıcı durduktan sonra tavuğu çıkarın. Yağı bir tavada orta ateşte ısıtın. Göğsü 30 saniye kızartın ve dilimleyin. Sarımsak, limon suyu, akçaağaç şurubu ve zeytinyağını bir kasede karıştırın. Marul, kiraz domates ve avokadoyu ekleyin. İyice karıştırın. Salatayı bir tabağa koyun ve üzerine tavuk ekleyin.

biberli tavuk

Hazırlama + pişirme süresi: 2 saat 15 dakika | Porsiyon: 2

İçindekiler

4 tavuk budu

2 yemek kaşığı zeytinyağı

Tatmak için tuz ve karabiber

1 diş sarımsak, ezilmiş

3 yemek kaşığı balık sosu

¼ bardak limon suyu

1 yemek kaşığı şeker

3 yemek kaşığı kıyılmış fesleğen

3 yemek kaşığı kıyılmış kişniş

2 kırmızı biber (çekirdeksiz), doğranmış

1 yemek kaşığı tatlı biber sosu

1 yemek kaşığı yeşil biber sosu

Talimatlar

Bir su banyosu hazırlayın ve içine Sous Vide'yi yerleştirin. 149F'ye ayarlayın. Tavuğu folyoya sarın ve soğumaya bırakın. Zeytinyağı, tuz ve karabiberle birlikte vakumlu poşete koyun. Suyu sıkarak havayı serbest bırakın, torbayı kapatın ve su banyosuna daldırın. 2 saat pişirin.

Zamanlayıcı durduktan sonra tavuğu çıkarın ve 4-5 parçaya bölün. Bitkisel yağı bir tavada orta ateşte ısıtın ve kızarana kadar kızartın. Sos için tüm malzemeleri bir kapta karıştırıp bir kenara koyun. Tavuğu servis edin, tuz ekleyin ve üzerine sosu dökün.

Bal aromalı tavuk kanadı

Hazırlama + pişirme süresi: 135 dakika | Porsiyon: 2

İçindekiler

¾ çay kaşığı soya sosu

¾ çay kaşığı pirinç şarabı

¾ çay kaşığı bal

¼ çay kaşığı beş baharat

6 tavuk kanadı

½ inç taze zencefil

½ inç öğütülmüş topuz

1 diş sarımsak, doğranmış

Servis için dilimlenmiş soğan

Talimatlar

Bir su banyosu hazırlayın ve içine Sous Vide'yi yerleştirin. 160F'ye ayarlayın.

Soya sosunu, pirinç şarabını, balı ve beş baharatı bir kasede karıştırın. Tavuk kanatlarını ve sarımsakları vakumlu bir torbaya koyun. Suyu sıkarak havayı serbest bırakın, torbayı kapatın ve su banyosuna daldırın. 2 saat pişirin.

Zamanlayıcı durduktan sonra kanatları çıkarın ve bir fırın tepsisine aktarın. Fırında 380 F'de 5 dakika pişirin. Bir tabağa servis yapın ve dilimlenmiş taze soğanla süsleyin.

Köri noodle ile yeşil tavuk

Hazırlama + pişirme süresi: 3 saat | Porsiyon: 2

İçindekiler

1 tavuk göğsü, kemiksiz ve derisiz

Tatmak için tuz ve karabiber

1 kutu (13,5 ons) hindistan cevizi sütü

2 yemek kaşığı yeşil köri ezmesi

1¾ su bardağı tavuk suyu

1 bardak shiitake mantarı

5 kafir limon yaprağı, ikiye bölünmüş

2 yemek kaşığı balık sosu

1½ yemek kaşığı şeker

½ fincan Tay fesleğen yaprağı, kabaca doğranmış

2 oz. Haşlanmış Yumurtalı Makarna Yuvası

1 bardak kişniş, iri kıyılmış

1 su bardağı fasulye filizi

2 yemek kaşığı kızarmış hamur

2 kırmızı biber, kabaca doğranmış

Talimatlar

Bir su banyosu hazırlayın ve içine Sous Vide'yi yerleştirin. 138F'ye ayarlayın. Tavukları tuz ve karabiberle tatlandırın. Vakumla kapatılabilen bir torbaya yerleştirin. Suyu sıkarak havayı serbest bırakın, torbayı kapatın ve su banyosuna daldırın. 90 dakika pişirin.

35 dakika sonra tencereyi orta ateşte ısıtın ve yeşil köri ezmesini ve hindistancevizi sütünün yarısını ekleyerek karıştırın. Hindistan cevizi sütü kalınlaşmaya başlayana kadar 5-10 dakika pişirin. Tavuk suyunu ve hindistancevizi sütünün geri kalanını ekleyin. 15 dakika pişirin.

Isıyı azaltın ve misket limonu yapraklarını, shiitake mantarlarını, şekeri ve balık sosunu ekleyin. En az 10 dakika pişirin. Ateşten alıp fesleğeni ekleyin.

Zamanlayıcı durduktan sonra poşeti çıkarın ve 5 dakika soğumaya bırakın, ardından küçük parçalar halinde kesin. Köri sosu, pişmiş makarna ve tavukla birlikte çorba kasesinde servis yapın. Üzerine fasulye filizi, kişniş, kırmızı biber ve kızarmış makarna koyuyoruz.

Avokadolu pestolu tavuk ısırıkları

Hazırlama + pişirme süresi: 1 saat 40 dakika | Porsiyon: 2

İçindekiler

1 tavuk göğsü, kemiksiz, derisiz, kelebekli

Tatmak için tuz ve karabiber

1 yemek kaşığı adaçayı

3 yemek kaşığı zeytinyağı

1 yemek kaşığı pesto

1 kabak, dilimler halinde kesilmiş

1 avokado

1 su bardağı taze fesleğen yaprağı

Talimatlar

Bir su banyosu hazırlayın ve içine Sous Vide'yi yerleştirin. 138F'ye ayarlayın.

Tavuk göğsünü ince bir şekilde çırpın. Adaçayı, karabiber ve tuzla tatlandırın. Vakumla kapatılabilen bir torbaya yerleştirin. 1 yemek kaşığı yağ ve pesto ekleyin. Suyu sıkarak havayı serbest bırakın, torbayı kapatın ve su banyosuna daldırın. 75 dakika pişirin. 60 dakika sonra 1 yemek kaşığı zeytinyağını yüksek ateşte bir tavada ısıtın, kabakları ve ¼ bardak suyu ekleyin. Su buharlaşana kadar pişirin. Zamanlayıcı durduktan sonra tavuğu çıkarın.

Kalan zeytinyağını bir tavada orta ateşte ısıtın ve tavuk göğsünü her iki tarafı da 2 dakika kızartın. kenara koyun ve soğumaya bırakın. Tavuğu ve kabakları küçük parçalar halinde kesin. Avokadoyu da dilimleyin. Tavuğun üzerine avokado dilimleri koyarak servis yapın. Kabak dilimleri ve fesleğen ile süsleyin.

Peynirli tavuk topları

Hazırlama + pişirme süresi: 1 saat 15 dakika | Porsiyon: 6

İçindekiler

1 kilo kıyılmış tavuk

2 yemek kaşığı soğan, ince doğranmış

¼ çay kaşığı sarımsak tozu

Tatmak için tuz ve karabiber

2 yemek kaşığı galeta unu

1 yumurta

32 küçük küp mozzarella peyniri

1 yemek kaşığı tereyağı

3 yemek kaşığı panko

½ bardak domates sosu

½ ons rendelenmiş Pecorino Romano peyniri

Kıyılmış maydanoz

Talimatlar

Bir su banyosu hazırlayın ve içine Sous Vide'yi yerleştirin. 146F'ye ayarlayın. Bir kapta tavuk, soğan, tuz, sarımsak tozu, karabiber ve terbiyeli ekmek kırıntılarını karıştırın. Yumurtayı ekleyin ve iyice karıştırın. 32 orta boy top oluşturun ve karışımın peyniri iyice kaplaması için bir küp peynirle doldurun.

Topları vakumla kapatılabilen bir torbaya koyun ve 20 dakika buzdolabında saklayın. Daha sonra suyu sıkma yöntemini kullanarak havayı serbest bırakın, kapatın ve torbayı bir su banyosuna daldırın. 45 dakika pişirin.

Zamanlayıcı durduktan sonra topları çıkarın. Tereyağını bir tavada eritip pankoyu ekleyin. Kızarana kadar pişirin. Domates sosunu da pişirelim. Topları bir kaseye alıp üzerine domates sosunu dökün. Üzerine panc ve peynir koyuyoruz. Maydanozla süsleyin.

Türkiye'de peynirli hamburger

Hazırlama + pişirme süresi: 1 saat 45 dakika | Porsiyon: 6

İçindekiler

6 çay kaşığı zeytinyağı

1½ pound öğütülmüş hindi

16 kraker, ezilmiş

2½ yemek kaşığı kıyılmış taze maydanoz

2 yemek kaşığı doğranmış taze fesleğen

½ yemek kaşığı Worcestershire sosu

½ yemek kaşığı soya sosu

½ çay kaşığı sarımsak tozu

1 yumurta

6 hamur işi, kızartılmış

6 dilim domates

6 yaprak marul

6 dilim Monterey Jack peyniri

Talimatlar

Bir su banyosu hazırlayın ve içine Sous Vide'yi yerleştirin. 148F'ye ayarlayın. Hindiyi, krakerleri, maydanozu, fesleğeni, soya sosunu ve sarımsak tozunu karıştırın. Yumurtayı ekleyip elinizle karıştırın.

Karışımdan 6 adet köfteyi mumlu biberli fırın tepsisine yerleştirin ve dizin. Kapağını kapatıp buzdolabına koyun

Burgerleri buzdolabından çıkarın ve yeniden kapatılabilir üç torbaya koyun. Suyu sıkarak havayı serbest bırakın, poşetleri kapatın ve su banyosuna daldırın. 1 saat 15 dakika pişirin.

Zamanlayıcı durduktan sonra köfteleri çıkarın. Pişirme sıvısını dökün.

Zeytinyağını yüksek ateşte bir tavada ısıtın ve hamburgerleri ekleyin. Her iki tarafta 45 saniye kızartın. Köfteleri pişmiş çöreklerin üzerine yerleştirin. Üstüne domates, marul ve peynir ekleyin. Hizmet ediyor.

Pastırma ve jambona sarılmış ceviz ile doldurulmuş hindi

Hazırlama + pişirme süresi: 3 saat 45 dakika | Porsiyon: 6

İçindekiler

1 sarımsak, ince doğranmış

3 yemek kaşığı tereyağı

1 bardak doğranmış pastırma

4 yemek kaşığı çam fıstığı

2 yemek kaşığı ince kıyılmış kekik

4 diş sarımsak, doğranmış

2 limonun kabuğu rendesi

4 yemek kaşığı kıyılmış maydanoz

¾ bardak ekmek kırıntısı

1 yumurta, dövülmüş

4 lb kemiksiz hindi göğsü, kelebekli

Tatmak için tuz ve karabiber

16 dilim jambon

Talimatlar

Bir su banyosu hazırlayın ve içine Sous Vide'yi yerleştirin. 146F'ye ayarlayın.

Bir tavada 2 yemek kaşığı tereyağını orta ateşte ısıtın ve soğanı yumuşayana kadar 10 dakika soteleyin. Bir kenara koyarsın, görmezden gelirsin. Pastırmayı aynı tavaya ekleyin ve altın rengi kahverengi olana kadar 5 dakika pişirin. Çam fıstığı, kekik, sarımsak ve limon kabuğu rendesini ekleyip 2 dakika daha pişirin. Maydanozu ekleyip karıştırın. Soğanı tekrar tavaya alın, galeta unu ve yumurtayı ekleyip karıştırın.

Hindiyi çıkarın ve plastik ambalajla örtün. Et döveceği ile iyice çırpın. Jambonu alüminyum folyoya yerleştirin. Hindiyi jambonun üzerine yerleştirin ve ortasını parçalayarak bir şerit oluşturun. Hindiyi tamamen sarılana kadar bir yandan diğer yana sıkıca yuvarlayın. Plastik ambalajla örtün ve vakumla kapatılabilen bir torbaya yerleştirin. Suyu sıkarak havayı serbest bırakın, torbayı kapatın ve su banyosuna daldırın. 3 saat pişirin.

Zamanlayıcı durduktan sonra hindiyi çıkarın ve plastiği atın. Kalan tereyağını bir tavada orta ateşte ısıtın ve brisketi ekleyin. Jambonu her iki tarafta 45 saniye kızartın. Hindiyi yuvarlayın ve 2-3 dakika daha pişirin. Göğsü madalyonlar halinde kesip servis yapın.

Hindili Sezar salatası tortilla rulosu

Hazırlama + pişirme süresi: 1 saat 40 dakika | Porsiyon: 4

İçindekiler

2 diş sarımsak, doğranmış

2 adet derisiz ve kemiksiz hindi göğsü

Tatmak için tuz ve karabiber

1 bardak mayonez

2 yemek kaşığı taze sıkılmış limon suyu

1 çay kaşığı hamsi ezmesi

1 çay kaşığı Dijon hardalı

1 çay kaşığı soya sosu

4 bardak buzdağı marul

4 ekmeği

Talimatlar

Bir su banyosu hazırlayın ve içine Sous Vide'yi yerleştirin. 152F'ye ayarlayın. Hindi göğsünü tuz ve karabiberle tatlandırın ve vakumlu bir torbaya koyun. Suyu sıkarak havayı serbest bırakın, torbayı kapatın ve su banyosuna daldırın. 1 saat 30 dakika pişirin.

Mayonez, sarımsak, limon suyu, hamsi ezmesi, hardal, soya sosu ve kalan tuz ve karabiberi karıştırın. Buzdolabında beklemeye bırakın.

Zamanlayıcı durduktan sonra hindiyi çıkarın ve kurulayın. Hindiyi dilimleyin. Yeşil salatayı soğuk sosla karıştırın. Hindi karışımının dörtte birini her tortillaya dökün ve katlayın. Ortadan ikiye kesip sosla birlikte servis yapın.

Adaçayı hindili rulo

Hazırlama + pişirme süresi: 5 saat 15 dakika | Porsiyon: 6

İçindekiler:

3 yemek kaşığı zeytinyağı

2 küçük sarı soğan, doğranmış

2 sap kereviz, doğranmış

3 yemek kaşığı öğütülmüş adaçayı

2 limonun kabuğu rendesi ve suyu

3 bardak hindi doldurma karışımı

2 su bardağı hindi veya tavuk suyu

5 kilo ikiye bölünmüş hindi göğsü

Talimatlar:

Tavayı orta ateşe alıp zeytinyağını, soğanı ve kerevizi ekleyin. 2 dakika kaynatın. Limon suyu azalıncaya kadar limon suyunu, kabuğu rendesini ve adaçayı ekleyin.

Doldurma karışımını bir kaseye dökün ve pişmiş adaçayı karışımını ekleyin. Ellerinizle karıştırın. Stoku ekleyin ve malzemeler iyice birleşip akıcı hale gelinceye kadar elle karıştırın. Hindinin derisini dikkatlice çıkarın ve plastik ambalajın üzerine koyun. Kemikleri çıkarın ve atın.

Hindi göğsünün derisini çıkarın ve hindi göğsünün üzerine ikinci bir kat plastik örtü yerleştirin. Bir oklava kullanarak, 1 inç kalınlığa kadar düzleştirin. Üstteki plastik ambalajı çıkarın ve dolguyu düzleştirilmiş hindinin üzerine, kenarlarda ½ inç kalacak şekilde yayın.

Hindiyi dar tarafından başlayarak hamur rulosu gibi yuvarlayın ve fazla deriyi hindinin üzerine yerleştirin. Ruloyu kasap ipiyle sabitleyin. Hindi rulosunu plastik sargıya sarın ve sıkı bir silindir oluşturması gereken ruloyu sabitlemek için uçlarını bükün.

Ruloyu vakumla kapatılabilen bir torbaya yerleştirin, havayı boşaltın ve torbayı kapatın. 40 dakika buzdolabında bekletin. Bir su banyosu hazırlayın, Sous Vide'ı 155F'ye ayarlayın. Hindi rulosunu su banyosuna yerleştirin ve zamanlayıcıyı 4 saate ayarlayın.

Zamanlayıcı durduktan sonra çantayı çıkarın ve açın. Fırını önceden 400 F'ye ısıtın, hindiden plastik ambalajı çıkarın ve derisi yukarı bakacak şekilde fırın tepsisine yerleştirin. 15 dakika pişirin. Halkalar halinde kesin. Kremalı sos ve düşük karbonhidratlı buharda pişirilmiş sebzelerle servis edilir.

Kekik Hindi Göğsü

Hazırlama + pişirme süresi: 3 saat 15 dakika | Porsiyon: 6

İçindekiler

1 yarım hindi göğsü, kemiksiz ve derisiz

1 yemek kaşığı zeytinyağı

1 yemek kaşığı sarımsak tuzu

1 yemek kaşığı kekik

1 çay kaşığı karabiber

Talimatlar

Bir su banyosu hazırlayın ve içine Sous Vide'yi yerleştirin. 146F'ye ayarlayın.

Hindi göğsü, sarımsak, kekik, tuz ve karabiberi karıştırın. Vakumla kapatılabilen bir torbaya yerleştirin. Suyu sıkarak havayı serbest bırakın, torbayı kapatın ve su banyosuna daldırın. 4 saat pişirin.

Zamanlayıcı durduktan sonra torbayı çıkarın ve bir fırın tepsisinde kurutun. Demir tavayı yüksek ateşte ısıtın ve 5 dakika içinde altın rengi kahverengi olana kadar kızartın.

Hindi köftesi ve pestolu burgerler

Hazırlama + pişirme süresi: 80 dakika | Porsiyon: 4

İçindekiler

1 kilo öğütülmüş hindi

3 taze soğan, doğranmış

1 büyük yumurta, dövülmüş

1 yemek kaşığı galeta unu

1 çay kaşığı kurutulmuş kekik

1 yemek kaşığı kekik

Tatmak için tuz ve karabiber

½ bardak pesto (artı 2 çay kaşığı ekstra)

2 dkg mozzarella peyniri, parçalara ayrılmış

4 adet büyük hamburger ekmeği

Talimatlar

Bir su banyosu hazırlayın ve içine Sous Vide'yi yerleştirin. 146F'ye ayarlayın. Bir kapta hindiyi, yumurtayı, galeta ununu, yeşil soğanı, kekiği ve kekiği karıştırın. Tuz ve karabiber ekleyin. İyice karıştırın. En az 8 top yapın ve ortasına başparmağınızla bir delik açın. Her birine 1/4 yemek kaşığı pesto ve 1/4 oz mozzarella peyniri ekleyin. Etin dolguyu kapladığından emin olun.

Vakumla kapatılabilen bir torbaya yerleştirin. Suyu sıkarak havayı serbest bırakın, torbayı kapatın ve su banyosuna daldırın. 60 dakika pişirin. Zamanlayıcı durduktan sonra topları çıkarın ve pişirme kağıdıyla kurulayın. Tavayı orta ateşte ısıtın ve 1/2 bardak pestoyu pişirin. Köfteleri ekleyip iyice karıştırın. Her hamburger ekmeğine 2 adet köfte koyun.

Cevizli hindi göğsü

Hazırlama + pişirme süresi: 2 saat 15 dakika | Porsiyon: 6

İçindekiler:

2 kilo hindi göğsü, ince dilimlenmiş

1 yemek kaşığı limon kabuğu

1 su bardağı ceviz, doğranmış

1 yemek kaşığı kekik, ince doğranmış

2 diş ezilmiş sarımsak

2 yemek kaşığı taze maydanoz, ince doğranmış

3 su bardağı tavuk suyu

3 yemek kaşığı zeytinyağı

Talimatlar:

Eti soğuk akan su altında durulayın ve bir kevgir içinde süzün. Limon kabuğu rendesi ile ovalayın ve tavuk suyuyla birlikte büyük, açılıp kapanabilir bir torbaya aktarın. Sous Vide'yi 149F'de 2 saat pişirin. Su banyosundan çıkarın ve bir kenara koyun.

Zeytinyağını orta boy bir tavada ısıtın, ardından sarımsak, ceviz ve kekiği ekleyin. İyice karıştırıp 4-5 dakika pişirin. Son olarak tavuk göğüslerini tavaya ekleyip her iki tarafını da kısa süre kızartın. Derhal servis yapın.

Baharatlı hindi yemeği

Hazırlama + pişirme süresi: 14 saat 15 dakika | Porsiyon: 4

İçindekiler

1 hindi bacağı

1 yemek kaşığı zeytinyağı

1 yemek kaşığı sarımsak tuzu

1 çay kaşığı karabiber

3 dal kekik

1 yemek kaşığı biberiye

Talimatlar

Bir su banyosu hazırlayın ve içine Sous Vide'yi yerleştirin. 146F'ye ayarlayın. Hindiyi sarımsak, tuz ve karabiberle tatlandırın. Vakumla kapatılabilen bir torbaya yerleştirin.

Su basıncı yöntemini kullanarak havayı serbest bırakın, kapatın ve torbayı banyoya daldırın. 14 saat pişirin. İşiniz bittiğinde kolları çıkarın ve kurulayın.

Portakal soslu hindi

Hazırlama + pişirme süresi: 75 dakika | Porsiyon: 2

İçindekiler:

1 kilo hindi göğsü, derisi ve kemiksiz

1 yemek kaşığı tereyağı

3 yemek kaşığı taze portakal suyu

½ su bardağı tavuk suyu

1 çay kaşığı acı biber

Tatmak için tuz ve karabiber

Talimatlar:

Hindi göğsünü soğuk akan su altında durulayın ve kurulayın. Bir kenara koyarsın, görmezden gelirsin.

Orta boy bir kapta portakal suyunu, tavuk suyunu, kırmızı biberi, tuzu ve karabiberi birlikte çırpın. İyice karıştırın ve eti bu turşunun içine koyun. 20 dakika buzdolabında bekletin.

Şimdi eti marine ile birlikte vakumla kapatılabilen büyük bir torbaya koyun ve Sous Vide'yi 122°C'de 40 dakika pişirin.

Tereyağını orta yapışmaz bir tavada yüksek ateşte eritin. Eti poşetten çıkarıp tencereye koyun. 2 dakika kızartın ve ocaktan alın.

Kekik ve biberiyeli hindi budu

Hazırlama + pişirme süresi: 8 saat 30 dakika | Porsiyon: 4

İçindekiler

5 çay kaşığı tereyağı, eritilmiş

10 diş sarımsak, doğranmış

2 yemek kaşığı kurutulmuş biberiye

1 yemek kaşığı kimyon

1 yemek kaşığı kekik

2 hindi budu

Talimatlar

Bir su banyosu hazırlayın ve içine Sous Vide'yi yerleştirin. 134F'ye ayarlayın.

Sarımsak, biberiye, kimyon, kekik ve tereyağını karıştırın. Karışımı hindinin üzerine sürün.

Hindiyi tekrar kapatılabilir bir torbaya koyun. Suyu sıkarak havayı serbest bırakın, torbayı kapatın ve su banyosuna daldırın. 8 saat pişirin

Zamanlayıcı durduktan sonra hindiyi çıkarın. Meyve suyunu yemek pişirmek için saklayın. Izgarayı yüksek ateşte ısıtın ve hindiyi üzerine yerleştirin. Pişirme suyu serpin. Ters çevirin ve biraz daha meyve suyu serpin. kenara koyun ve soğumaya bırakın. Hizmet ediyor.

Karanfilli hindi göğsü

Hazırlama + pişirme süresi: 1 saat 45 dakika | Porsiyon: 6

İçindekiler:

2 kilo hindi göğsü, dilimlenmiş

2 diş sarımsak, doğranmış

1 su bardağı zeytinyağı

2 yemek kaşığı Dijon hardalı

2 yemek kaşığı limon suyu

1 çay kaşığı taze biberiye, doğranmış

1 çay kaşığı karanfil, kıyılmış

Tatmak için tuz ve karabiber

Talimatlar:

Geniş bir kapta zeytinyağını hardal, limon suyu, sarımsak, biberiye, karanfil, tuz ve karabiberle karıştırın. İyice karıştırdıktan sonra hindi dilimlerini ekleyin. Pişirmeden önce 30 dakika bekletin ve soğutun.

Buzdolabından çıkarıp 2 adet vakumlu poşete aktarın. Torbaları kapatın ve Sous Vide'yi 149F'de bir saat pişirin. Su banyosundan çıkarıp servis yapın.

Dereotu ve biberiye ile hindi göğsü

Hazırlama + pişirme süresi: 1 saat 50 dakika | Porsiyon: 2

İçindekiler

1 kilo kemiksiz hindi göğsü

Tatmak için tuz ve karabiber

3 dal taze dereotu

1 dal taze biberiye, doğranmış

1 defne yaprağı

Talimatlar

Bir su banyosu hazırlayın ve içine Sous Vide'yi yerleştirin. 146F'ye ayarlayın.

Tavayı orta ateşte ısıtın, hindiyi ekleyin ve 5 dakika pişirin. Yağdan tasarruf edin. Hindiyi tuzlayıp karabiberleyin. Hindiyi, dereotunu, biberiyeyi, defne yaprağını ve ayrılmış yağı vakumlu bir torbaya koyun. Suyu sıkarak havayı serbest bırakın, torbayı kapatın ve su banyosuna daldırın. 1 saat 30 dakika pişirin.

Bir tavayı yüksek ateşte ısıtın. Zamanlayıcı durduktan sonra hindiyi çıkarın ve tavaya aktarın. 5 dakika kızartın.

Kızarmış tatlı ördek

Hazırlama + pişirme süresi: 3 saat 55 dakika | Porsiyon: 4

İçindekiler

6 ons kemiksiz ördek göğsü

¼ çay kaşığı tarçın

¼ çay kaşığı füme kırmızı biber

¼ çay kaşığı acı biber

1 yemek kaşığı kekik

1 çay kaşığı bal

Tatmak için tuz ve karabiber

Talimatlar

Bir su banyosu hazırlayın ve içine Sous Vide'yi yerleştirin. 134F'ye ayarlayın. Ördek göğüslerini bir fırın tepsisine kurulayın ve etini kesmemeye dikkat ederek derisini çıkarın. Tuz ekle.

Bir tavayı yüksek ateşte ısıtın. Ördeği 3-4 dakika pişirin. Çıkarın ve bir kenara koyun.

Bir kasede kırmızı biber, kekik, kırmızı biber ve tarçını karıştırın, iyice karıştırın. Ördek göğsünü bu karışımla marine edin. Vakumla kapatılabilen bir torbaya yerleştirin. 1 yemek kaşığı bal ekleyin. Suyu sıkarak havayı serbest bırakın, torbayı kapatın ve su banyosuna daldırın. 3 saat 30 dakika pişirin.

Zamanlayıcı durduktan sonra torbayı çıkarın ve kurutun. Tavayı yüksek ateşte ısıtın ve ördeği 2 dakika kızartın. Çevirip 30 saniye daha pişirin. Soğumaya bırakın ve servis yapın.

Ördek göğsü

Hazırlama + pişirme süresi: 2 saat 10 dakika | Porsiyon: 3

İçindekiler:

3 (6 oz.) ördek göğsü, derisi üzerinde

3 çay kaşığı kekik yaprağı

2 çay kaşığı zeytinyağı

Tatmak için tuz ve karabiber

İçindekiler:

Eti kesmeden göğüste enine şeritler yapın. Kabuğu, etli kısmını kekik, karabiber ve tuzla tatlandırın. Ördek göğüslerini 3 ayrı, açılıp kapanabilir torbaya koyun. Havayı boşaltın ve torbaları kapatın. 1 saat buzdolabında bekletin.

Bir su banyosu hazırlayın, içine Sous Vide'yi koyun ve 135F'ye ayarlayın. Torbaları buzdolabından çıkarın ve su banyosuna batırın. Zamanlayıcıyı 1 saate ayarlayın.

Zamanlayıcı durduktan sonra poşetleri çıkarın ve açın. Tavayı orta ateşe koyun, zeytinyağı ekleyin. Kaynayınca ördeği ekleyin ve derisi yumuşayana ve et altın rengi oluncaya kadar pişirin. Çıkarın ve 3 dakika bekletin, sonra dilimleyin. Hizmet ediyor.

Turuncu Kaz Konfit

Hazırlama + pişirme süresi: 12 saat 7 dakika + soğutma süresi |
Porsiyon: 6

İçindekiler

3 defne yaprağı

6 kaz ayağı

10 çay kaşığı tuz

6 diş ezilmiş sarımsak

1 dal taze biberiye, sapları olmadan

1½ su bardağı kaz yağı

1 çay kaşığı biber

1 portakalın kabuğu

Talimatlar

Kaz bacaklarını sarımsak, tuz, karabiber ve biberiyeyle kaplayın. Örtün ve 12-24 saat buzdolabında saklayın. Bir su banyosu hazırlayın ve içine Sous Vide'yi yerleştirin. 172F'ye ayarlayın. Kazı buzdolabından çıkarın ve bir mutfak havlusuyla kurulayın.

Kaz, kaz yağı, defne yaprağı, biber ve portakal kabuğunu açılıp kapanabilir bir torbaya koyun. Suyu sıkarak havayı serbest bırakın, torbayı kapatın ve su banyosuna daldırın. 12 saat pişirin.

Zamanlayıcı durduktan sonra kazı çantadan çıkarın ve fazla yağı alın. Tavayı yüksek ateşte ısıtın ve kazları çıtır çıtır olana kadar 5-7 dakika pişirin.

Limonlu ve peynirli karidesli makarna

Hazırlama + pişirme süresi: 55 dakika | Porsiyon: 4

İçindekiler

2 bardak İsviçre pazı, doğranmış

6 yemek kaşığı tereyağı

½ su bardağı parmesan peyniri

2 diş sarımsak, doğranmış

1 limon, soyulmuş ve suyu sıkılmış

1 yemek kaşığı taze fesleğen, doğranmış

Tatmak için tuz ve karabiber

1 çay kaşığı kırmızı biber gevreği

1½ pound karides, temizlenmiş, kuyrukları üzerinde

Seçtiğiniz 8 oz makarna

Talimatlar

Bir su banyosu hazırlayın ve içine Sous Vide'yi yerleştirin. 137F'ye ayarlayın.

Bir tencereyi orta-yüksek ateşte ısıtın ve tereyağı, pazı, 1/4 bardak Pecorino Romano peyniri, sarımsak, limon kabuğu rendesi ve meyve suyu, fesleğen, tuz, karabiber ve kırmızı pul biberi birleştirin.

Tereyağı eriyene kadar 5 dakika pişirin. Bir kenara koyarsın, görmezden gelirsin.

Karidesleri tekrar kapatılabilir bir torbaya koyun ve limon karışımını dökün. İyi çalkala. Suyu sıkarak havayı serbest bırakın, torbayı kapatın ve su banyosuna daldırın. 30 dakika pişirin.

Bu arada makarnayı paketin üzerindeki tarife göre pişirin. Süzün ve bir kaseye yerleştirin. Zamanlayıcı durduktan sonra poşeti çıkarın ve makarna kasesine aktarın. 3-4 dakika pişirin. Kalan pecorino peynirini üzerine serpip servis yapın.

Tatlı şeri ve miso soslu halibut

Hazırlama + pişirme süresi: 50 dakika | Porsiyon: 4

İçindekiler

1 yemek kaşığı zeytinyağı

2 yemek kaşığı tereyağı

⅓ bardak tatlı şeri

⅓ bardak kırmızı miso

¼ bardak mirin

3 yemek kaşığı esmer şeker

2½ yemek kaşığı soya sosu

4 adet pisi balığı filetosu

2 yemek kaşığı ince doğranmış frenk soğanı

2 yemek kaşığı kıyılmış taze maydanoz

Talimatlar

Bir su banyosu hazırlayın ve içine Sous Vide'yi yerleştirin. 134F'ye ayarlayın. Tereyağını bir tavada orta-düşük sıcaklıkta ısıtın. Tatlı şeri, miso, mirin, esmer şeker ve soya sosunu 1 dakika boyunca karıştırın. Bir kenara koyarsın, görmezden gelirsin. Soğumaya bırakın. Pisi balığını 2 adet vakumla kapatılabilen torbaya koyun. Suyu sıkarak havayı serbest bırakın, poşetleri kapatın ve su banyosuna daldırın. 30 dakika pişirin.

Zamanlayıcı durduktan sonra pisi balığı poşetlerden çıkarın ve bir mutfak havlusu ile kurulayın. Meyve suyunu yemek pişirmek için saklayın. Tencereyi yüksek ateşte ısıtın ve içine pişirme suyunu dökün. Yarısı azalıncaya kadar pişirin.

Zeytinyağını bir tavada orta ateşte ısıtın ve filetoları aktarın. Çıtır çıtır olana kadar her iki tarafta 30 saniye kızartın. Balığı servis edin ve üzerine miso sırını dökün. Taze soğan ve maydanozla süsleyin.

Tatlı zencefil sırlı çıtır somon

Hazırlama + pişirme süresi: 53 dakika | Porsiyon: 4

İçindekiler

½ bardak Worcestershire sosu

6 yemek kaşığı beyaz şeker

4 yemek kaşığı mirin

2 küçük diş sarımsak, ince doğranmış

½ çay kaşığı mısır nişastası

½ çay kaşığı rendelenmiş taze zencefil

4 somon filetosu

4 çay kaşığı bitkisel yağ

Servis için 2 su bardağı pişmiş pirinç

1 çay kaşığı kavrulmuş haşhaş tohumu

Talimatlar

Bir su banyosu hazırlayın ve içine Sous Vide'yi yerleştirin. 129F'ye ayarlayın.

Worcestershire sosu, şeker, mirin, sarımsak, mısır nişastası ve zencefili orta ateşte bir güveçte birleştirin. Şeker eriyene kadar 1 dakika kadar pişirin. 1/4 bardak sosu rezerve edin. Soğumaya bırakın. Somon filetolarını kalan sosla birlikte 2 adet açılıp kapanabilir torbaya koyun. Suyu sıkarak havayı serbest bırakın, poşetleri kapatın ve su banyosuna daldırın. 40 dakika pişirin.

Zamanlayıcı durduktan sonra filetoları poşetlerden çıkarın ve bir mutfak havlusuyla kurulayın. Bir tencereyi orta-yüksek ateşte ısıtın ve bir bardak sosu koyulaşana kadar 2 dakika pişirin. Yağı bir tavada ısıtın. Somonun her tarafını 30 saniye ızgaralayın. Somonu sos ve haşhaş tohumu ile servis edin.

Hindistan cevizi soslu narenciye balığı

Hazırlama süresi: 1 saat 57 dakika | Porsiyon: 6

İçindekiler

2 yemek kaşığı bitkisel yağ

4 adet soyulmuş ve doğranmış domates

2 kırmızı biber, doğranmış

1 sarı soğan, doğranmış

½ su bardağı portakal suyu

¼ bardak limon suyu

4 diş sarımsak, doğranmış

1 çay kaşığı ezilmiş kimyon tohumu

1 çay kaşığı kimyon tozu

1 çay kaşığı acı biber

½ çay kaşığı tuz

6 morina filetosu, soyulmuş ve küp şeklinde kesilmiş

14 ons hindistan cevizi sütü

¼ bardak kıyılmış hindistan cevizi

3 yemek kaşığı doğranmış taze kişniş

Talimatlar

Bir su banyosu hazırlayın ve içine Sous Vide'yi yerleştirin. 137F'ye ayarlayın.

Bir kasede portakal suyu, limon suyu, sarımsak, kimyon tohumu, kimyon, kırmızı biber ve tuzu karıştırın. Filetoları kireç karışımıyla kaplayın. Üzerini kapatıp buzdolabında 1 saat soğumaya bırakın.

Bu arada yağı bir tavada orta ateşte ısıtın, ardından domates, biber, soğan ve tuzu ekleyin. 4-5 dakikada yumuşayana kadar pişirin. Hindistan cevizi sütünü domates karışımının üzerine dökün ve 10 dakika pişirin. kenara koyun ve soğumaya bırakın.

Filetoları buzdolabından çıkarın ve hindistan cevizi karışımıyla birlikte 2 vakumlu poşete koyun. Suyu sıkarak havayı serbest bırakın, poşetleri kapatın ve su banyosuna daldırın. 40 dakika pişirin. Zamanlayıcı durduktan sonra poşetleri çıkarın ve içindekileri bir kaseye aktarın. Kıyılmış hindistan cevizi ve kişniş ile süsleyin. Pirinçle servis yapın.

Misket limonu ve maydanozla haşlanmış mezgit balığı

Hazırlama + pişirme süresi: 75 dakika | Porsiyon: 4

İçindekiler

4 göğüs filetosu, derili

½ çay kaşığı tuz

6 yemek kaşığı tereyağı

1 limonun kabuğu rendesi ve suyu

2 çay kaşığı kıyılmış taze maydanoz

1 limon, dörde bölünmüş

Talimatlar

Bir su banyosu hazırlayın ve içine Sous Vide'yi yerleştirin. 137F'ye ayarlayın.

Filetoları tuzlayın ve 2 adet vakumlu torbaya koyun. Tereyağı, kabuğu rendesi ve yarım limonun suyu ile 1 yemek kaşığı maydanozu ekleyin. Suyun yer değiştirme yöntemini kullanarak havayı serbest bırakın. Buzdolabına koyun ve 30 dakika soğumaya bırakın. Torbaları kapatın ve bir su banyosuna daldırın. 30 dakika pişirin.

Zamanlayıcı durduktan sonra filetoları çıkarın ve bir mutfak havlusuyla kurulayın. Kalan tereyağını bir tavada orta ateşte ısıtın ve üzerine eritilmiş tereyağını kaşıkla dökerek filetoların her iki tarafını 45 saniye kızartın. Mutfak havlusu ile kurulayın ve bir tabağa koyun. Kireç çeyrekleriyle süsleyin ve servis yapın.

Hardal ve akçaağaç soslu çıtır tilapia

Hazırlama + pişirme süresi: 65 dakika | Porsiyon: 4

İçindekiler

2 yemek kaşığı akçaağaç şurubu

6 yemek kaşığı tereyağı

2 yemek kaşığı Dijon hardalı

2 yemek kaşığı esmer şeker

1 yemek kaşığı maydanoz

1 yemek kaşığı kekik

2 yemek kaşığı soya sosu

2 yemek kaşığı beyaz şarap sirkesi

4 tilapia filetosu, derisiyle birlikte

Talimatlar

Bir su banyosu hazırlayın ve içine Sous Vide'yi yerleştirin. 114F'ye ayarlayın.

Bir tencereyi orta ateşte ısıtın ve 4 yemek kaşığı tereyağı, hardal, esmer şeker, akçaağaç şurubu, soya sosu, sirke, maydanoz ve kekiği ekleyin. 2 dakika pişirin. Bir kenara koyun ve 5 dakika soğumaya bırakın.

Tilapia filetolarını akçaağaç soslu yeniden kapatılabilir bir torbaya koyun. Suyu sıkarak havayı serbest bırakın, torbayı kapatın ve su banyosuna daldırın. 45 dakika pişirin.

Zamanlayıcı durduktan sonra filetoları çıkarın ve bir mutfak havlusuyla kurulayın. Kalan tereyağını bir tavada orta ateşte ısıtın ve filetoyu 1-2 dakika kızartın.

Kılıçbalığı hardalı

Hazırlama + pişirme süresi: 55 dakika | Porsiyon: 4

İçindekiler

2 yemek kaşığı zeytinyağı

2 adet kılıç balığı bifteği

Tatmak için tuz ve karabiber

½ çay kaşığı Coleman hardalı

2 çay kaşığı susam yağı

Talimatlar

Bir su banyosu hazırlayın ve içine Sous Vide'yi koyun. 104F'ye ayarlayın. Kılıç balığını tuz ve karabiberle tatlandırın. Zeytinyağı ve hardalı iyice karıştırın. Kılıçbalığını hardal karışımıyla birlikte vakumlu torbaya koyun. Suyun yer değiştirme yöntemini kullanarak havayı serbest bırakın. 15 dakika kadar buzdolabında dinlenmeye bırakın. Torbayı kapatın ve bir su banyosuna daldırın. 30 dakika pişirin.

Susam yağını bir tavada yüksek ateşte ısıtın. Zamanlayıcı durduktan sonra kılıçbalığını çıkarın ve bir mutfak havlusuyla kurulayın. Pişirme sıvısını dökün. Tavaya aktarın ve her tarafını 30 saniye pişirin. Kılıçbalığını dilimler halinde kesip servis yapın.

Baharatlı balık ekmeği

Hazırlama + pişirme süresi: 35 dakika | Porsiyon: 6

İçindekiler

⅓ bardak çırpılmış krema

4 adet soyulmuş pisi balığı filetosu

1 çay kaşığı doğranmış taze kişniş

¼ çay kaşığı kırmızı biber

Tatmak için tuz ve karabiber

1 yemek kaşığı elma sirkesi

½ tatlı soğan, ince doğranmış

6 ekmeği

Dilimlenmiş buzdağı marul

1 büyük domates, dilimlenmiş

Dekorasyon için Guacamole

1 limon, dörde bölünmüş

Talimatlar

Bir su banyosu hazırlayın ve içine Sous Vide'yi yerleştirin. 134F'ye ayarlayın.

Filetoları kişniş, kırmızı pul biber, tuz ve karabiberle karıştırın. Vakumla kapatılabilen bir torbaya yerleştirin. Suyu sıkarak havayı boşaltın, torbayı banyoya batırın. 25 dakika pişirin.

Bu arada elma sirkesini, soğanı, tuzu ve karabiberi karıştırın. Bir kenara koyarsın, görmezden gelirsin. Zamanlayıcı durduktan sonra filetoları çıkarın ve bir mutfak havlusuyla kurulayın. Filetoları kaynak makinesiyle kızartın. Parçalara ayırın. Balıkları tortillanın üzerine yerleştirin, marul, domates, ekşi krema, soğan karışımı ve guacamole ekleyin. Kireçle süsleyin.

Fesleğenli ton balıklı biftek

Hazırlama + pişirme süresi: 45 dakika | Porsiyon: 5

İçindekiler

6 yemek kaşığı zeytinyağı

4 ton balığı bifteği

Tatmak için tuz ve karabiber

1 limonun kabuğu rendesi ve suyu

2 diş sarımsak, doğranmış

1 çay kaşığı doğranmış taze fesleğen

Talimatlar

Bir su banyosu hazırlayın ve içine Sous Vide'yi koyun. 126F'ye ayarlayın. Ton balığını tuz ve karabiberle tatlandırın. 4 yemek kaşığı zeytinyağı, limon suyu ve kabuğu rendesi, sarımsak ve fesleğeni karıştırın. Narenciye turşusu ile birlikte iki adet açılıp kapanabilir torbaya koyun. Suyu sıkarak havayı serbest bırakın, poşetleri kapatın ve su banyosuna daldırın. 35 dakika pişirin.

Zamanlayıcı durduktan sonra ton balığını çıkarın ve mutfak havlusuyla kurulayın. Pişirme stokunu saklayın. Zeytinyağını bir tavada yüksek ateşte ısıtın ve ton balığının her iki tarafını da 1'er dakika kızartın. Bir tabağa yerleştirin ve üzerine pişirme suyu serpin. En iyi pilavla servis edilir.

Kalamata zeytinli kılıç balığı ve patates salatası

Hazırlama + pişirme süresi: 3 saat 5 dakika | Porsiyon: 2

İçindekiler

<u>patates</u>

3 yemek kaşığı zeytinyağı

1 kilo tatlı patates

2 çay kaşığı tuz

3 dal taze kekik

<u>Balık</u>

1 yemek kaşığı zeytinyağı

1 kılıçbalığı bifteği

Tatmak için tuz ve karabiber

1 çay kaşığı kolza yağı

<u>salata</u>

1 bardak genç ıspanak yaprağı

1 su bardağı kiraz domates, ikiye bölünmüş

¼ bardak Kalamata zeytini, doğranmış

1 yemek kaşığı zeytinyağı

1 çay kaşığı Dijon hardalı

3 yemek kaşığı elma sirkesi

¼ çay kaşığı tuz

Talimatlar

Patatesleri hazırlamak için: Bir su banyosu hazırlayın ve içine Sous Vide'yi koyun. 192F'ye ayarlayın.

Patatesleri, zeytinyağını, deniz tuzunu ve kekiği açılıp kapanabilir bir torbaya koyun. Suyu sıkarak havayı serbest bırakın, torbayı kapatın ve su banyosuna daldırın. 1 saat 15 dakika pişirin. Zamanlayıcı durduktan sonra torbayı çıkarın ve açmayın. Bir kenara koyarsın, görmezden gelirsin.

Balıkları hazırlayın: Bir su banyosu hazırlayın ve içine Sous Vide'yi yerleştirin. 104F'ye ayarlayın. Kılıç balığını tuz ve karabiberle tatlandırın. Zeytinyağıyla birlikte yeniden kapatılabilir bir torbaya koyun. Suyu sıkarak havayı serbest bırakın, torbayı kapatın ve su banyosuna daldırın. 30 dakika pişirin.

Kolza yağı bir tavada yüksek ateşte ısıtılır. Kılıçbalığını çıkarın ve mutfak havlusuyla kurulayın. Pişirme sıvısını dökün. Kılıç balığını tavaya aktarın ve her iki tarafını da 30 saniye boyunca kızartın.

Dilimler halinde kesin ve plastik ambalajla örtün. Bir kenara koyarsın, görmezden gelirsin.

Son olarak salatayı hazırlayın: Salata kasesine kiraz domates, zeytin, zeytinyağı, hardal, elma sirkesi ve tuzu ekleyip iyice karıştırın. Bebek ıspanağı ekleyin. Patatesleri çıkarıp ikiye bölün.

Pişirme sıvısını dökün. Salata patates ve kılıç balığı ile servis ediliyor.

Füme Somon

Hazırlama + pişirme süresi: 1 saat 20 dakika | Porsiyon: 3

İçindekiler:

3 somon filetosu, derisiz

1 yemek kaşığı şeker

2 çay kaşığı füme kırmızı biber

1 çay kaşığı hardal tozu

Talimatlar:

Bir su banyosu hazırlayın, Sous Vide'ı yerleştirin ve 115F'ye ayarlayın. Somonu 1 çay kaşığı tuzla baharatlayın ve kilitli bir torbaya koyun. 30 dakika buzdolabında bekletin.

Şekeri, füme tuzu, kalan tuzu ve hardal tozunu bir kapta karıştırıp karıştırın. Somonu buzdolabından çıkarın ve keşiş tozu karışımıyla ovalayın.

Somonu vakumla kapatılabilen bir torbaya koyun, su basıncı yöntemini kullanarak havasını boşaltın ve torbayı kapatın. Kendinizi bir su banyosuna bırakın ve zamanlayıcıyı 45 dakikaya ayarlayın. Zamanlayıcı durduktan sonra çantayı çıkarın ve açın. Somonu çıkarın ve mutfak havlusuyla kurulayın. Yapışmaz bir tavayı orta ateşe yerleştirin, somonu ekleyin ve 30 saniye boyunca kızartın. Yanında haşlanmış sebzelerle servis yapın.

Tereyağı ve pancetta ile tarak

Hazırlama + pişirme süresi: 45 dakika | Porsiyon: 6

İçindekiler

12 büyük kabuk

1 yemek kaşığı zeytinyağı

Tatmak için tuz ve karabiber

4 dilim pancetta

2 yemek kaşığı bal

2 yemek kaşığı tereyağı

Talimatlar

Bir su banyosu hazırlayın ve içine Sous Vide'yi yerleştirin. 126F'ye ayarlayın.

Fırını 390F'ye önceden ısıtın. Deniz taraklarını zeytinyağı, tuz ve karabiberle harmanlayın. Vakumla kapatılabilen bir torbaya yerleştirin. Suyu sıkarak havayı serbest bırakın, torbayı kapatın ve su banyosuna daldırın. 30 dakika pişirin.

Pancetta'yı alüminyum folyo ile kaplı bir fırın tepsisine aktarın ve her iki tarafını da bal ve karabiberle kaplayın. 20 dakika pişirin. Bir tabağa aktarın. Pancetta yağını saklayın.

Zamanlayıcı durduktan sonra tarakları çıkarın ve bir mutfak havlusuyla kurulayın. Tereyağını ve 1 yemek kaşığı pancetta yağını orta ateşte tavada eritin. Deniz taraklarını üstüne yerleştirin ve her iki tarafı da altın rengi kahverengi olana kadar 1 dakika pişirin. Pancetta'yı küçük küpler halinde kesin. Jacob'ın şapkasını ödünç al. Pancetta ile süsleyin.

Biber ve limonlu kalamar linguine

Hazırlama + pişirme süresi: 2 saat 10 dakika | Porsiyon: 4

İçindekiler

3 yemek kaşığı zeytinyağı

4 adet temizlenmiş kalamar gövdesi

Tatmak için tuz ve karabiber

10 ons kurutulmuş linguine

1 (16 oz.) kutu domates

2 diş sarımsak, doğranmış

1 çay kaşığı kırmızı biber gevreği

1 çay kaşığı serrano biberi, ince doğranmış

1 limonun kabuğu rendesi ve suyu

3 yemek kaşığı kıyılmış taze maydanoz

3 yemek kaşığı doğranmış taze dereotu

Talimatlar

Bir su banyosu hazırlayın ve içine Sous Vide'yi yerleştirin. 134F'ye ayarlayın. Kalamarları tuz ve karabiberle tatlandırın. Kalamar ve 2 yemek kaşığı zeytinyağını açılıp kapanabilir bir torbaya koyun. Suyu sıkarak havayı serbest bırakın, torbayı kapatın ve su banyosuna daldırın. 2 saat pişirin. 1 saat 45 dakika sonra linguini paketin üzerindeki tarife göre pişirin. Haydi boşaltalım.

Tavayı orta ateşte ısıtın ve kalan zeytinyağını, domatesi, sarımsağı, serrano biberini, limon kabuğu rendesini ve suyunu ve 2 yemek kaşığı maydanozu ekleyin. 3 dakika kaynatın. Zamanlayıcı durduktan sonra kalamarları çıkarın ve bir mutfak havlusuyla kurulayın. Küçük parçalar halinde kesin. Makarnayı sıcak bir tavada domates ve kalamar sosuyla karıştırın. Zeytinyağı gezdirin.

Limon tereyağı soslu yengeç eti

Hazırlama + pişirme süresi: 70 dakika | Porsiyon: 4

İçindekiler

6 diş sarımsak, kıyılmış

½ limon kabuğu rendesi ve suyu

1 pound yengeç eti

4 yemek kaşığı tereyağı

Talimatlar

Bir su banyosu hazırlayın ve içine Sous Vide'yi yerleştirin. 137F'ye ayarlayın. Sarımsak yarımlarını, limon kabuğu rendesini ve limon suyunu iyice karıştırın. Bir kenara koyarsın, görmezden gelirsin. Yengeç eti, tereyağı ve limon karışımını açılıp kapanabilir bir torbaya koyun. Suyu sıkarak havayı serbest bırakın, torbayı kapatın ve su banyosuna daldırın. 50 dakika pişirin. Zamanlayıcı durduktan sonra torbayı çıkarın. Pişirme sıvısını dökün.

Tavayı orta-düşük ateşte ısıtın ve kalan tereyağını, kalan limon karışımını ve kalan limon suyunu ekleyin. Yengeçleri, üzerine limon yağı gezdirilmiş 4 kalıpta servis edin.

İskandinav tarzı hızlı somon

Hazırlama + pişirme süresi: 30 dakika | Porsiyon: 4

İçindekiler

1 yemek kaşığı zeytinyağı

4 adet derili somon filetosu

Tatmak için tuz ve karabiber

1 limonun kabuğu rendesi ve suyu

2 yemek kaşığı sarı hardal

2 çay kaşığı susam yağı

Talimatlar

Bir su banyosu hazırlayın ve içine Sous Vide'yi koyun. 114F'ye ayarlayın. Somonu tuz ve karabiberle tatlandırın. Limon kabuğunu ve suyunu, yağı ve hardalı karıştırın. Somonu hardal karışımıyla birlikte 2 vakumlu torbaya koyun. Su basıncı yöntemini kullanarak havayı serbest bırakın, kapatın ve torbaları banyoya daldırın. 20 dakika pişirin. Susam yağını bir tavada ısıtın. Zamanlayıcı durduktan sonra somonu çıkarın ve kurulayın. Somonu tavaya aktarın ve her iki tarafını da 30 saniye boyunca kızartın.

Hardal ve tamari soslu lezzetli alabalık

Hazırlama + pişirme süresi: 35 dakika | Porsiyon: 4

İçindekiler

¼ bardak zeytinyağı

4 alabalık filetosu, soyulmuş ve dilimlenmiş

½ bardak Tamari sosu

¼ bardak açık kahverengi şeker

2 diş sarımsak, doğranmış

1 yemek kaşığı Coleman hardalı

Talimatlar

Bir su banyosu hazırlayın ve içine Sous Vide'yi koyun. 130F'ye ayarlayın. Tamari sosunu, esmer şekeri, zeytinyağını ve sarımsağı karıştırın. Alabalıkları tamari karışımıyla birlikte vakumlu bir torbaya koyun. Suyu sıkarak havayı serbest bırakın, torbayı kapatın ve su banyosuna daldırın. 30 dakika pişirin.

Zamanlayıcı durduktan sonra alabalığı çıkarın ve bir mutfak havlusuyla kurulayın. Pişirme sıvısını dökün. Servis yaparken tamari sosu ve hardalla süsleyin.

Zencefil soslu susamlı ton balığı

Hazırlama + pişirme süresi: 45 dakika | Porsiyon: 6

İçindekiler:

<u>Tuna:</u>

3 ton balığı bifteği

Tatmak için tuz ve karabiber

⅓ su bardağı zeytinyağı

2 yemek kaşığı kolza yağı

½ su bardağı siyah susam

½ su bardağı beyaz susam

<u>Zencefil Sosu:</u>

1 inç zencefil, rendelenmiş

2 arpacık soğan, kıyılmış

1 kırmızı biber, öğütülmüş

3 yemek kaşığı su

2 ½ limon suyu

1 ½ yemek kaşığı pirinç sirkesi

2 buçuk yemek kaşığı soya sosu

1 yemek kaşığı balık sosu

1 ½ yemek kaşığı şeker

1 demet marul yaprağı

Talimatlar:

Sosla başlayın: Küçük bir tavayı kısık ateşte koyun ve zeytinyağı ekleyin. Sıcakken zencefil ve kırmızı biber ekleyin. 3 dakika pişirin, şekeri ve sirkeyi ekleyin, karıştırın ve şeker eriyene kadar pişirin. Suyu ekleyip kaynamaya bırakın. Soya sosunu, balık sosunu ve limon suyunu ekleyip 2 dakika pişirin. Soğuması için bir kenara koyun.

Bir su banyosu hazırlayın, Sous Vide'ı yerleştirin ve 110F'a ayarlayın. Ton balığını tuz ve karabiberle tatlandırın ve 3 ayrı vakumlu torbaya koyun. Zeytinyağını ekleyin, su basıncı yöntemini kullanarak torbanın havasını boşaltın, torbayı kapatın ve su banyosuna daldırın. Zamanlayıcıyı 30 dakikaya ayarlayın.

Zamanlayıcı durduktan sonra torbayı çıkarın ve açın. Ton balığını bir kenara koyun. Tavayı kısık ateşe alıp kanola yağını ekleyin. Isıtırken susam tohumlarını kasede karıştırın. Ton balığını kurutun, üzerini susamla kaplayın ve üst ve alt kısımlarını sıcak yağda tohumlar kahverengileşene kadar kızartın.

Ton balığını ince şeritler halinde kesin. Servis bezini salatayla örtün, ton balığını salata tabağına yayın. Meze olarak zencefil sosuyla servis yapın.

Sarımsak ve limonlu ilahi yengeç rulosu

Hazırlama + pişirme süresi: 60 dakika | Porsiyon: 4

İçindekiler

4 yemek kaşığı tereyağı

1 kilo haşlanmış yengeç eti

2 diş sarımsak, doğranmış

½ limonun kabuğu rendesi ve suyu

½ bardak mayonez

1 rezene soğanı, doğranmış

Tatmak için tuz ve karabiber

4 halka, küçük parçalar halinde kesilmiş, yağlanmış ve kızartılmış

Talimatlar

Bir su banyosu hazırlayın ve içine Sous Vide'yi koyun. 137F'ye ayarlayın. Sarımsak, limon kabuğu rendesi ve 1/4 bardak limon suyunu karıştırın. Yengeç etini, tereyağı-limon karışımıyla birlikte yeniden kapatılabilir bir torbaya koyun. Suyu sıkarak havayı serbest bırakın, torbayı kapatın ve su banyosuna daldırın. 50 dakika pişirin.

Zamanlayıcı durduktan sonra poşeti çıkarın ve bir kaseye aktarın. Pişirme sıvısını dökün. Yengeç etini kalan limon suyu, mayonez, rezene, dereotu, tuz ve karabiberle karıştırın. Servis yapmadan önce ruloları yengeç karışımıyla doldurun.

Limon soslu baharatlı kömürleşmiş ahtapot

Hazırlama + pişirme süresi: 4 saat 15 dakika | Porsiyon: 4

İçindekiler

5 yemek kaşığı zeytinyağı

1 kilo ahtapot dokunaçları

Tatmak için tuz ve karabiber

2 yemek kaşığı limon suyu

1 yemek kaşığı limon kabuğu

1 yemek kaşığı kıyılmış taze maydanoz

1 çay kaşığı kekik

1 yemek kaşığı kırmızı biber

Talimatlar

Bir su banyosu hazırlayın ve içine Sous Vide'yi yerleştirin. 179F'ye ayarlayın. Dokunaçları orta büyüklükte parçalar halinde kesin. Tuz ve karabiber ekleyin. Uzunlukları zeytinyağıyla birlikte yeniden kapatılabilir bir torbaya koyun. Suyu sıkarak havayı serbest bırakın, torbayı kapatın ve su banyosuna daldırın. 4 saat pişirin.

Zamanlayıcı durduktan sonra ahtapotu çıkarın ve bir mutfak havlusuyla kurulayın. Pişirme sıvısını dökün. Zeytinyağı gezdirin.

Izgarayı orta ateşte ısıtın ve dokunaçları her tarafta 10-15 saniye ızgaralayın. Bir kenara koyarsın, görmezden gelirsin. Limon suyu, limon kabuğu, kırmızı biber, kekik ve maydanozu iyice karıştırın. Ahtapotun üzerine limon sosunu dökün.

Creole karideslerinden yapılan kebap

Hazırlama + pişirme süresi: 50 dakika | Porsiyon: 4

İçindekiler

1 limonun kabuğu rendesi ve suyu

6 yemek kaşığı tereyağı

2 diş sarımsak, doğranmış

Tatmak için tuz ve beyaz biber

1 yemek kaşığı Creole baharatı

1½ kilo karides, temizlenmiş

1 yemek kaşığı öğütülmüş taze dereotu + dekorasyon için
limon dilimleri

Talimatlar

Bir su banyosu hazırlayın ve içine Sous Vide'yi yerleştirin. 137F'ye ayarlayın.

Tereyağını bir tavada orta ateşte eritin ve sarımsak, creole baharatları, limon kabuğu rendesi ve suyu, tuz ve karabiberi ekleyin. Tereyağı eriyene kadar 5 dakika pişirin. kenara koyun ve soğumaya bırakın.

Karidesleri, tereyağ karışımıyla birlikte yeniden kapatılabilir bir torbaya koyun. Suyu sıkarak havayı serbest bırakın, torbayı kapatın ve su banyosuna daldırın. 30 dakika pişirin.

Zamanlayıcı durduktan sonra karidesleri çıkarın ve bir mutfak havlusuyla kurulayın. Pişirme sıvısını dökün. Karidesleri kebapların üzerine geçirin ve dereotu ve limon sıkarak süsleyerek servis yapın.

Baharatlı soslu karides

Hazırlama + pişirme süresi: 40 dakika + soğutma süresi | Porsiyon: 5

İçindekiler

2 kilo karides, temizlenmiş ve soyulmuş

1 su bardağı domates püresi

2 yemek kaşığı yaban turpu sosu

1 çay kaşığı limon suyu

1 çay kaşığı tabasco sosu

Tatmak için tuz ve karabiber

Talimatlar

Bir su banyosu hazırlayın ve içine Sous Vide'yi koyun. 137F'ye ayarlayın. Karidesleri vakumla kapatılabilen bir torbaya koyun. Su basıncı yöntemini kullanarak havayı serbest bırakın, kapatın ve torbayı banyoya daldırın. 30 dakika pişirin.

Zamanlayıcı durduktan sonra torbayı çıkarın ve 10 dakika boyunca buzlu su banyosuna koyun. 1-6 saat kadar buzdolabında soğumaya bırakın. Domates salçası, yaban turpu sosu, soya sosu, limon suyu, tabasco sosu, tuz ve karabiberi iyice karıştırın. Karidesleri sosla birlikte servis edin.

Soğan ve tarhunlu halibut

Hazırlama + pişirme süresi: 50 dakika | Porsiyon: 2

İçindekiler:

2 lb pisi balığı filetosu

3 tarhun yaprağı

1 çay kaşığı sarımsak tozu

1 çay kaşığı soğan tozu

Tatmak için tuz ve beyaz biber

2 ½ çay kaşığı + 2 çay kaşığı tereyağı

2 arpacık soyulmuş ve ikiye bölünmüş

2 dal kekik

Dekorasyon için limon dilimleri

Talimatlar:

Bir su banyosu hazırlayın, içine Sous Vide'yi koyun ve 124 F'ye ayarlayın. Pisi balığı filetosunu 3 parçaya bölün ve tuz, sarımsak tozu, soğan tozu ve karabiberle ovalayın. Filetoları, tarhun ve 2 ½ çay kaşığı tereyağını 3 ayrı açılıp kapanabilir torbaya koyun. Su basıncı yöntemini kullanarak havayı boşaltın ve torbaları kapatın. Bunları bir su banyosuna koyun ve 40 dakika pişirin.

Zamanlayıcı durduktan sonra poşetleri çıkarın ve açın. Tavayı kısık ateşe alıp kalan tereyağını ekleyin. Isıtıldıktan sonra pisi balığı derisini çıkarın ve kurulayın. Pisi balığı ile arpacık soğanı ve kekiği ekleyin ve üstte ve altta çıtır çıtır olana kadar kızartın. Limon dilimleriyle süsleyin. Yanında haşlanmış sebzelerle servis yapın.

Bitkisel tereyağı Limon Morina

Hazırlama + pişirme süresi: 37 dakika | Porsiyon: 6

İçindekiler

8 yemek kaşığı tereyağı

6 morina filetosu

Tatmak için tuz ve karabiber

½ limon kabuğu rendesi

1 yemek kaşığı öğütülmüş taze dereotu

½ yemek kaşığı kıyılmış taze frenk soğanı

½ yemek kaşığı kıyılmış taze fesleğen

½ yemek kaşığı öğütülmüş taze adaçayı

Talimatlar

Bir su banyosu hazırlayın ve içine Sous Vide'yi yerleştirin. 134F'ye ayarlayın. Morinaya tuz ve karabiber serpin. Morina ve limon kabuğu rendesini yeniden kapatılabilir bir torbaya koyun.

Tereyağı, dereotunun yarısı, frenk soğanı, fesleğen ve adaçayı vakumla kapatılabilen özel bir torbaya koyun. Su basıncı yöntemini kullanarak havayı serbest bırakın, kapatın ve her iki torbayı da bir su banyosuna daldırın. 30 dakika pişirin.

Zamanlayıcı durduktan sonra morinaları çıkarın ve bir mutfak havlusuyla kurulayın. Pişirme sıvısını dökün. Tereyağını ikinci torbadan çıkarın ve morinanın üzerine dökün. Kalan dereotu ile süsleyin.

Beurre Nantais ile Horkants

Hazırlama + pişirme süresi: 45 dakika | Porsiyon: 6

İçindekiler:

testere balığı:

2 pound pisi balığı, her biri 3 parçaya bölünmüş

1 çay kaşığı kimyon tozu

½ çay kaşığı sarımsak tozu

½ çay kaşığı soğan tozu

½ çay kaşığı kişniş tozu

¼ bardak balık baharatı

¼ bardak pekan yağı

Tatmak için tuz ve beyaz biber

Beurre Blanc:

1 lb. tereyağı

2 yemek kaşığı elma sirkesi

2 arpacık soğan, kıyılmış

1 çay kaşığı kırık biber

5 oz ağır krema,

Tadına göre tuz ekleyin

2 dal dereotu

1 yemek kaşığı limon suyu

1 yemek kaşığı safran tozu

Talimatlar:

Bir su banyosu hazırlayın, içine Sous Vide'yi koyun ve 132 F'ye ayarlayın. Domuz pirzolalarını tuz ve beyaz biberle tatlandırın. Vakumla kapatılabilen bir torbaya koyun, su değiştirme yöntemini kullanarak havasını boşaltın, kapatın ve bir su banyosuna daldırın. Zamanlayıcıyı 30 dakikaya ayarlayın. Kimyon, sarımsak, soğan, kişniş ve balık baharatını karıştırın. Bir kenara koyarsın, görmezden gelirsin.

Bu arada beurre blanc'ı hazırlayın. Tavayı orta ateşe yerleştirin ve arpacık soğanı, sirke ve karabiberi ekleyin. Şurup elde etmek için kaynatın. Isıyı en aza indirin ve sürekli karıştırarak tereyağını ekleyin. Dereotu, limon suyu ve safran tozunu ekleyip sürekli karıştırarak 2 dakika pişirin. Krema ve tuz ekleyin. 1 dakika pişirin. Isıyı kapatın ve bir kenara koyun.

Zamanlayıcı durduktan sonra torbayı çıkarın ve açın. Tavayı orta ateşe alın, ceviz yağını ekleyin. Balıklar kurutulup baharat karışımıyla tatlandırıldıktan sonra ısıtılmış yağda kızartılır. Patatesleri ve beurre nantais'i buharda pişirilmiş ıspanakla servis edin.

Ton balığı gevreği

Hazırlama + pişirme süresi: 1 saat 45 dakika | Porsiyon: 4

İçindekiler:

¼ lb ton balığı bifteği

1 çay kaşığı biberiye yaprağı

1 çay kaşığı kekik yaprağı

2 bardak zeytinyağı

1 diş sarımsak, doğranmış

Talimatlar:

Bir su banyosu hazırlayın, içine Sous Vide'yi koyun ve 135F'ye ayarlayın. Ton balığı bifteklerini, tuzu, biberiyeyi, sarımsağı, kekiği ve iki yemek kaşığı yağı açılıp kapanabilir bir torbaya koyun. Suyu sıkarak havayı serbest bırakın, torbayı kapatın ve su banyosuna daldırın. Zamanlayıcıyı 1 saat 30 dakikaya ayarlayın.

Zamanlayıcı durduktan sonra torbayı çıkarın. Ton balığını bir kaseye koyun ve bir kenara koyun. Tavayı yüksek ateşe alın, kalan zeytinyağını ekleyin. Sıcak olduğunda ton balığının üzerine dökün. Ton balığını iki çatalla parçalayın. Bir haftaya kadar zeytinyağıyla birlikte hava geçirmez bir kapta aktarın ve saklayın. Salatalarda servis yapın.

Tereyağlı tarak

Hazırlama + pişirme süresi: 55 dakika | Porsiyon: 3

İçindekiler:

½ kiloluk tarak
3 çay kaşığı tereyağı (2 çay kaşığı pişirmek için + 1 çay kaşığı pişirmek için)
Tatmak için tuz ve karabiber

Talimatlar:

Bir su banyosu hazırlayın, içine Sous Vide'yi koyun ve 140F'ye ayarlayın. Deniz taraklarını kağıt havluyla kurulayın. Deniz tarağı, tuz, 2 yemek kaşığı tereyağı ve karabiberi açılıp kapanabilir bir torbaya koyun. Su basıncı yöntemini kullanarak havayı serbest bırakın, torbayı kapatın ve bir su banyosuna daldırın ve zamanlayıcıyı 40 dakikaya ayarlayın.

Zamanlayıcı durduktan sonra torbayı çıkarın ve açın. İstiridyeleri kağıt havluyla kurulayın ve bir kenara koyun. Tavayı orta ateşte ve kalan tereyağının üzerine yerleştirin. Eridiğinde, tarakları her iki tarafı da altın rengi kahverengi olana kadar kızartın. Tereyağıyla karıştırılmış sebzelerle servis yapın.

Nane sardalyaları

Hazırlama + pişirme süresi: 1 saat 20 dakika | Porsiyon: 3

İçindekiler:

2 kilo sardalya

¼ bardak zeytinyağı

3 diş ezilmiş sarımsak

1 büyük limon, taze sıkılmış

2 dal taze nane

Tatmak için tuz ve karabiber

Talimatlar:

Tüm balıklar yıkanıp temizlenmeli ancak derisi muhafaza edilmelidir. Mutfak kağıdıyla kurulayın.

Geniş bir kapta zeytinyağını sarımsak, limon suyu, taze nane, tuz ve karabiberle karıştırın. Sardalyaları, turşuyla birlikte büyük, açılıp kapanabilir bir torbaya koyun. 104 F sıcaklıkta 1 saat su banyosunda pişirin. Banyodan çıkarın ve süzün, ancak sosu saklayın. Sosu ve haşlanmış pırasayı balığın üzerine dökün.

Beyaz şarapta çipura

Hazırlama + pişirme süresi: 2 saat | Porsiyon: 2

İçindekiler:

1 kiloluk çipura, yaklaşık 1 inç kalınlığında, temizlenmiş

1 su bardağı sızma zeytinyağı

1 limon, sıkılmış

1 yemek kaşığı şeker

1 yemek kaşığı kurutulmuş biberiye

½ kaşık kurutulmuş kekik

2 diş ezilmiş sarımsak

½ bardak beyaz şarap

1 çay kaşığı deniz tuzu

Talimatlar:

Büyük bir kapta zeytinyağını limon suyu, şeker, biberiye, kekik, preslenmiş sarımsak, şarap ve tuzla karıştırın. Balıkları bu karışıma batırın ve buzdolabında bir saat kadar marine edin. Buzdolabından çıkarın ve boşaltın, ancak sıvıyı servis için saklayın. Filetoları yeniden kapatılabilir büyük bir torbaya koyun ve kapatın. Sous Vide'de 122F'de 40 dakika pişirin. Kalan turşuyu filetoların üzerine sürüp servis yapın.

Avokadolu somon ve lahana salatası

Hazırlama + pişirme süresi: 1 saat | Porsiyon: 3

İçindekiler:

1 kilo derisiz somon fileto

Tatmak için tuz ve karabiber

½ organik limon, sıkılmış

1 yemek kaşığı zeytinyağı

1 su bardağı kıyılmış lahana yaprağı

½ bardak kavrulmuş havuç, dilimlenmiş

½ olgun avokado, küçük küpler halinde kesilmiş

1 yemek kaşığı taze dereotu

1 yemek kaşığı taze maydanoz yaprağı

Talimatlar:

Filetoların her iki tarafını da tuz ve karabiberle tatlandırıp büyük bir vakumlu poşete koyun. Torbayı kapatın ve 122F'de 40 dakika boyunca sous vide pişirin. Somonu su banyosundan çıkarın ve bir kenara koyun.

Limon suyunu, bir tutam tuzu ve karabiberi bir karıştırma kabında karıştırın, ardından zeytinyağını yavaş yavaş ekleyerek karıştırın. Kıyılmış lahanayı ekleyin ve salata sosuyla eşit şekilde kaplayacak şekilde fırlatın. Kavrulmuş havuç, avokado, dereotu ve maydanozu ekleyin. Dikkatlice karıştırın. Bir kaseye aktarın ve üzerine somonla servis yapın.

Zencefilli somon

Hazırlama + pişirme süresi: 45 dakika | Porsiyon: 4

İçindekiler:

4 adet derili somon filetosu

2 çay kaşığı susam yağı

1 ½ zeytinyağı

2 yemek kaşığı zencefil, rendelenmiş

2 yemek kaşığı şeker

Talimatlar:

Bir su banyosu hazırlayın, içine Sous Vide'yi koyun ve 124F'ye ayarlayın. Somonu tuz ve karabiberle tatlandırın. Listelenen diğer malzemeleri bir kaseye koyun ve karıştırın.

Somon ve şeker karışımını vakumlu iki torbaya koyun, su basıncı yöntemini kullanarak havayı serbest bırakın, torbayı kapatın ve bir su banyosuna daldırın. Zamanlayıcıyı 30 dakikaya ayarlayın.

Zamanlayıcı durduktan sonra torbayı çıkarın ve açın. Tavayı orta ateşe alın, altına pişirme kağıdı koyun ve ısıtın. Somonu deri tarafı aşağı bakacak şekilde ekleyin ve her birini 1 dakika kızartın. Tereyağlı brokolinin yanında servis yapın.

Taze limon suyunda midye

Hazırlama + pişirme süresi: 40 dakika | Porsiyon: 2

İçindekiler:

1 pound taze istiridye, boncukları çıkarılmış

1 orta boy soğan, soyulmuş ve doğranmış

Sarımsak karanfil, ezilmiş

½ su bardağı taze sıkılmış limon suyu

¼ bardak taze maydanoz, ince doğranmış

1 yemek kaşığı biberiye, doğranmış

2 yemek kaşığı zeytinyağı

Talimatlar:

Midyeleri limon suyu, sarımsak, soğan, maydanoz, biberiye ve zeytinyağıyla birlikte büyük bir vakumlama makinesine yerleştirin. Sous Vide'yi 122F'de 30 dakika pişirin. Yeşil salata ile servis yapın.

Otlarla marine edilmiş ton balığı bifteği

Hazırlama + pişirme süresi: 1 saat 25 dakika | Porsiyon: 5

İçindekiler:

2 kiloluk ton balığı bifteği, yaklaşık 1 inç kalınlığında

1 çay kaşığı öğütülmüş kuru kekik

1 çay kaşığı taze fesleğen, doğranmış

¼ bardak ince kıyılmış arpacık soğanı

2 yemek kaşığı taze maydanoz, ince doğranmış

1 yemek kaşığı taze dereotu, doğranmış

1 çay kaşığı taze rendelenmiş limon kabuğu

½ su bardağı susam

4 yemek kaşığı zeytinyağı

Tatmak için tuz ve karabiber

Talimatlar:

Ton balığı filetosunu soğuk akan su altında yıkayın ve mutfak kağıdıyla kurulayın. Bir kenara koyarsın, görmezden gelirsin.

Geniş bir kapta kekik, fesleğen, arpacık soğanı, maydanoz, dereotu, yağ, tuz ve karabiberi karıştırın. İyice karıştırdıktan sonra biftekleri bu turşuya batırın. İyice örtün ve 30 dakika buzdolabında saklayın.

Biftekleri, turşuyla birlikte büyük, açılıp kapanabilir bir torbaya koyun. Havayı çıkarmak için torbayı sıkın ve kapağı kapatın. Sous Vide'yi 131 derecede 40 dakika pişirin.

Biftekleri poşetten çıkarın ve mutfak kağıdına aktarın. Dikkatlice kurulayın ve otları çıkarın. Bir tavayı yüksek ateşte ısıtın. Biftekleri susamda yuvarlayın ve tavaya aktarın. Her iki tarafı da 1 dakika kadar kızartıldıktan sonra ocaktan alınır.

Yengeç kekleri

Hazırlama + pişirme süresi: 65 dakika | Porsiyon: 4

İçindekiler:

1 kilo parça yengeç eti

1 su bardağı kırmızı soğan, ince doğranmış

½ bardak kırmızı biber, doğranmış

2 yemek kaşığı pul biber, ince doğranmış

1 yemek kaşığı kereviz yaprağı, doğranmış

1 yemek kaşığı maydanoz yaprağı, doğranmış

½ çay kaşığı tarhun, ince doğranmış

Tatmak için tuz ve karabiber

4 yemek kaşığı zeytinyağı

2 yemek kaşığı badem unu

3 yumurta, dövülmüş

Talimatlar:

2 yemek kaşığı zeytinyağını bir tavada ısıtıp soğanı ekleyin. Şeffaf olana kadar kızartın ve doğranmış kırmızı biber ve pul biberi ekleyin. Sürekli karıştırarak 5 dakika pişirin.

Büyük bir kaseye aktarın. Yengeç eti, kereviz, maydanoz, tarhun, tuz, karabiber, badem unu ve yumurtayı ekleyin. İyice karıştırın ve

2 inç çapında köfteler oluşturun. Hamburgeri yavaşça 2 adet açılıp kapanabilir torbaya bölün ve kapatın. Sous vide'de 122F'de 40 dakika pişirin.

Kalan zeytinyağını yapışmaz bir ızgara tavasında yüksek ateşte ısıtın. Çörekleri su banyosundan çıkarın ve tavaya aktarın. Her iki tarafını da 3-4 dakika kadar kısa süre kızartıp servis yapın.

Biber Kokuları

Hazırlama + pişirme süresi: 1 saat 15 dakika | Porsiyon: 5

İçindekiler:

1 pound taze koku

½ su bardağı limon suyu

3 diş ezilmiş sarımsak

1 çay kaşığı tuz

1 su bardağı sızma zeytinyağı

2 yemek kaşığı taze dereotu, doğranmış

1 yemek kaşığı frenk soğanı, kıyılmış

1 yemek kaşığı pul biber, öğütülmüş

Talimatlar:

Kokuları soğuk akan su altında durulayın ve boşaltın. Bir kenara koyarsın, görmezden gelirsin.

Geniş bir kapta zeytinyağını limon suyu, ezilmiş sarımsak, deniz tuzu, ince kıyılmış dereotu, kıyılmış frenk soğanı ve pul biberle karıştırın. Bu karışıma kokuları ekleyip kapağını kapatın. 20 dakika buzdolabında bekletin.

Buzdolabından çıkarın ve marine ile birlikte büyük, yeniden kapatılabilir bir torbaya koyun. Sous vide'de 104 F'de 40 dakika pişirin. Su banyosundan çıkarın ve boşaltın, ancak sıvıyı saklayın.

Büyük bir tavayı orta-yüksek ateşte ısıtın. Baharatları ekleyip 3-4 dakika kısaca çevirin. Isıdan çıkarın ve bir tabağa yerleştirin. Marine edip üzerine dökün ve hemen servis yapın.

Marine edilmiş yayın balığı filetosu

Hazırlama + pişirme süresi: 1 saat 20 dakika | Porsiyon: 3

İçindekiler:

1 kilogram yayın balığı filetosu

½ su bardağı limon suyu

½ bardak maydanoz yaprağı, doğranmış

2 diş ezilmiş sarımsak

1 su bardağı soğan, doğranmış

1 yemek kaşığı taze dereotu, doğranmış

1 yemek kaşığı taze biberiye yaprağı, doğranmış

2 su bardağı taze sıkılmış elma suyu

2 yemek kaşığı Dijon hardalı

1 su bardağı sızma zeytinyağı

Talimatlar:

Geniş bir kapta limon suyu, maydanoz yaprağı, ezilmiş sarımsak, doğranmış soğan, taze dereotu, biberiye, elma suyu, hardal ve zeytinyağını karıştırın. İyice birleşene kadar çırpın. Filetoları bu karışıma batırın ve sıkı bir kapakla kapatın. 30 dakika buzdolabında bekletin.

Buzdolabından çıkarıp 2 adet vakumlu poşete koyun. Kapatın ve sous vide'de 122F'de 40 dakika pişirin. Çıkarın ve boşaltın; sıvıyı saklayın. Kendi sıvısıyla süsleyerek servis yapın.

Maydanoz ve limonlu karides

Hazırlama + pişirme süresi: 35 dakika | Porsiyon: 4

İçindekiler:

12 büyük karides, soyulmuş ve temizlenmiş

1 çay kaşığı tuz

1 çay kaşığı şeker

3 çay kaşığı zeytinyağı

1 defne yaprağı

1 dal maydanoz, doğranmış

2 yemek kaşığı limon kabuğu

1 yemek kaşığı limon suyu

Talimatlar:

Bir su banyosu hazırlayın, Sous Vide'ı 156F'ye ayarlayın. Karidesleri, tuzu ve şekeri kaseye ekleyin, karıştırın ve 15 dakika bekletin. Karidesleri, defne yapraklarını, zeytinyağını ve limon kabuğu rendesini açılıp kapanabilir bir torbaya koyun. Su değiştirme yöntemini kullanarak havayı serbest bırakın ve kapatın. Banyoya daldırın ve 10 dakika kaynatın. Zamanlayıcı durduktan sonra torbayı çıkarın ve açın. Karidesleri boşaltın ve üzerine limon suyu serpin.

Sous Vide pisi balığı

Hazırlama + pişirme süresi: 1 saat 20 dakika | Porsiyon: 4

İçindekiler:

1 kilo pisi balığı filetosu

3 yemek kaşığı zeytinyağı

¼ bardak arpacık soğanı, ince doğranmış

1 çay kaşığı taze rendelenmiş limon kabuğu

½ çay kaşığı öğütülmüş kurutulmuş kekik

1 yemek kaşığı taze maydanoz, ince doğranmış

1 çay kaşığı taze dereotu, doğranmış

Tatmak için tuz ve karabiber

Talimatlar:

Balıkları soğuk akan su altında yıkayın ve mutfak kağıdıyla kurulayın. İnce dilimler halinde kesin ve bol miktarda tuz ve karabiber serpin. Açılıp kapanabilir büyük bir torbaya koyun ve iki yemek kaşığı zeytinyağı ekleyin. Arpacık soğanı, kekik, maydanoz, dereotu, tuz ve karabiberle tatlandırın.

Havayı çıkarmak için torbayı sıkın ve kapağı kapatın. Tüm filetoları baharatlarla kaplamak için torbayı sallayın ve pişirmeden önce 30 dakika buzdolabında saklayın. Sous vide'de 131 F'de 40 dakika pişirin.

Torbayı sudan çıkarın ve biraz soğumasını bekleyin. Mutfak kağıdına yerleştirip suyunu süzün. Otları çıkarın.

Kalan yağı büyük bir tavada yüksek ateşte ısıtın. Filetoyu ekleyin ve 2 dakika pişirin. Filetoları çevirin ve yaklaşık 35-40 saniye pişirin, ardından ocaktan alın. Balıkları tekrar kağıt havluya aktarın ve fazla yağını alın. Derhal servis yapın.

Limon tereyağlı taban

Hazırlama + pişirme süresi: 45 dakika | Porsiyon: 3

İçindekiler:

3 yaprak fileto

1 ½ yemek kaşığı tuzsuz tereyağı

¼ bardak limon suyu

½ çay kaşığı limon kabuğu

Tatmak için limon biberi

Süslemek için 1 dal maydanoz

Talimatlar:

Bir su banyosu hazırlayın, Sous Vide'ı yerleştirin ve 132F'ye ayarlayın. Tabanları kurulayın ve 3 ayrı vakumlu torbaya koyun. Su basıncı yöntemini kullanarak havayı boşaltın ve torbaları kapatın. Kendinizi bir su banyosuna bırakın ve zamanlayıcıyı 30 dakikaya ayarlayın.

Küçük bir tavayı orta ateşe koyun, tereyağını ekleyin. Eriyince ocaktan alın. Limon suyunu ve limon kabuğu rendesini ekleyip karıştırın.

Zamanlayıcı durduktan sonra torbayı çıkarın ve açın. Filetoları tabaklara yerleştirin, üzerine tereyağlı sos gezdirin ve maydanozla süsleyin. Yanında buharda pişirilmiş yeşil sebzelerle servis yapın.

Kavrulmuş fesleğenli morina

Hazırlama + pişirme süresi: 50 dakika | Porsiyon: 4

İçindekiler:

1 kiloluk morina filetosu

1 su bardağı közlenmiş domates

1 yemek kaşığı kurutulmuş fesleğen

1 su bardağı balık sosu

2 yemek kaşığı domates salçası

3 sap kereviz, doğranmış

1 havuç, dilimlenmiş

¼ bardak zeytinyağı

1 soğan ince doğranmış

½ bardak mantar

Talimatlar:

Zeytinyağını büyük bir tavada orta ateşte ısıtın. Kereviz, soğan ve havuç ekleyin. 10 dakika karıştırarak kızartın. Ateşten alın ve diğer malzemelerle birlikte vakumlu bir torbaya koyun. Sous vide'de 122F'de 40 dakika pişirin.

Parlak tilapya

Hazırlama + pişirme süresi: 1 saat 10 dakika | Porsiyon: 3

İçindekiler

3 (4 ons) tilapia filetosu

3 yemek kaşığı tereyağı

1 yemek kaşığı elma sirkesi

Tatmak için tuz ve karabiber

Talimatlar:

Bir su banyosu oluşturun, Sous Vide'ı yerleştirin ve 124F'ye ayarlayın. Tilapia'yı biber ve tuzla baharatlayın ve vakumla kapatılabilen bir torbaya koyun. Su basıncı yöntemini kullanarak havayı boşaltın ve torbayı kapatın. Bir su banyosuna daldırın ve zamanlayıcıyı 1 saate ayarlayın.

Zamanlayıcı durduktan sonra torbayı çıkarın ve açın. Tavayı orta ateşe alıp tereyağını ve sirkeyi ekleyin. Sirke yarı yarıya azalıncaya kadar sürekli karıştırarak pişirin. Tilapia'yı ekleyin ve biraz kızartın. Tadına göre tuz ve karabiber ekleyin. Tereyağlı sebze garnitürüyle servis yapın.

Kuşkonmazlı somon

Hazırlama + pişirme süresi: 3 saat 15 dakika | Porsiyon: 6

İçindekiler:

1 kilo yabani somon fileto

1 yemek kaşığı zeytinyağı

1 yemek kaşığı kurutulmuş kekik

12 orta boy kuşkonmaz

4 diş sarımsak

1 yemek kaşığı taze maydanoz

Tatmak için tuz ve karabiber

Talimatlar:

Filetoların her iki tarafını da kekik, tuz ve karabiberle tatlandırın ve hafifçe zeytinyağı sürün.

Malzemelerin geri kalanıyla birlikte büyük, vakumla kapatılabilen bir kaba koyun. Tüm baharatları bir karıştırma kabında birleştirin. Karışımı bifteğin her iki tarafına eşit şekilde sürün ve yeniden kapatılabilir büyük bir torbaya koyun. Torbayı kapatın ve sous vide'de 136F'de 3 saat pişirin.

Körili uskumru

Hazırlama + pişirme süresi: 55 dakika | Porsiyon: 3

İçindekiler:

3 adet başsız uskumru filetosu

3 yemek kaşığı köri ezmesi

1 yemek kaşığı zeytinyağı

Tatmak için tuz ve karabiber

Talimatlar:

Bir su banyosu hazırlayın, içine Sous Vide'yi koyun ve 120F'ye ayarlayın. Uskumruyu biber ve tuzla tatlandırdıktan sonra vakumlu poşete koyun. Su değiştirme yöntemini kullanarak havayı serbest bırakın, kapatın ve bir su banyosuna daldırın ve zamanlayıcıyı 40 dakikaya ayarlayın.

Zamanlayıcı durduktan sonra torbayı çıkarın ve açın. Tavayı orta ateşe koyun, zeytinyağı ekleyin. Uskumruyu köri ile kaplayın (kurutmayın)

Sıcakken uskumruyu ekleyin ve altın rengi kahverengi olana kadar kızartın. Buharda pişmiş yeşil yapraklı sebzelerle servis yapın.

Biberiyeli kalamar

Hazırlama + pişirme süresi: 1 saat 15 dakika | Porsiyon: 3

İçindekiler:

1 kilo taze kalamar, bütün

½ su bardağı sızma zeytinyağı

1 yemek kaşığı pembe Himalaya tuzu

1 yemek kaşığı kuru biberiye

3 diş ezilmiş sarımsak

3 adet ikiye kesilmiş kiraz domates

Talimatlar:

Her kalamar akan su altında iyice durulayın. Keskin bir bıçakla her bir kalamarın kafasını çıkarın ve temizleyin.

Geniş bir kapta zeytinyağını tuz, kurutulmuş biberiye, kiraz domates ve ezilmiş sarımsakla karıştırın. Kalamarları bu karışıma batırın ve 1 saat buzdolabında bekletin. Daha sonra çıkarıp süzün. Kalamar ve kiraz domatesleri büyük bir vakum poşetine koyun. 136F'de bir saat boyunca sous vide pişirin.

Kızarmış limonlu karides

Hazırlama + pişirme süresi: 50 dakika | Porsiyon: 3

İçindekiler:

1 kiloluk karides, soyulmuş ve ayrılmış

3 yemek kaşığı zeytinyağı

½ su bardağı taze sıkılmış limon suyu

1 diş sarımsak, ezilmiş

1 çay kaşığı taze biberiye, ezilmiş

1 çay kaşığı deniz tuzu

Talimatlar:

Zeytinyağını limon suyu, ezilmiş sarımsak, biberiye ve tuzla karıştırın. Karışımı her karidesin üzerine fırçalayın ve yeniden kapatılabilir büyük bir torbaya koyun. Sous vide'de 104 F'de 40 dakika pişirin.

Izgara ahtapot

Hazırlama + pişirme süresi: 5 saat 20 dakika | Porsiyon: 3

İçindekiler:

½ lb orta boy ahtapot dokunaçları, beyazlatılmış

Tatmak için tuz ve karabiber

3 çay kaşığı + 3 yemek kaşığı zeytinyağı

2 çay kaşığı kurutulmuş kekik

2 dal taze maydanoz, doğranmış

Buz banyosu için buz

Talimatlar:

Bir su banyosu hazırlayın, Sous Vide'ı 171F'ye ayarlayın.

Ahtapotu, tuzu, 3 çay kaşığı zeytinyağını ve biberi açılıp kapanabilir bir torbaya koyun. Suyu sıkarak havayı serbest bırakın, torbayı kapatın ve su banyosuna daldırın. Zamanlayıcıyı 5 saate ayarlayın.

Zamanlayıcı durduktan sonra torbayı çıkarın ve buz banyosuna koyun. Bir kenara koyarsın, görmezden gelirsin. Izgarayı ısıtın.

Izgara ısınınca ahtapotu bir tabağa aktarın, 3 yemek kaşığı zeytinyağı ekleyip masaj yapın. Ahtapotun her tarafı güzelce kızaracak şekilde ızgarada pişirin. Ahtapotu ekleyin ve maydanoz ve kekikle süsleyin. Tatlı ve baharatlı sosla servis yapın.

Yabani somon bifteği

Hazırlama + pişirme süresi: 1 saat 25 dakika | Porsiyon: 4

İçindekiler:

2 kilogram yabani somon bifteği

3 diş ezilmiş sarımsak

1 yemek kaşığı taze biberiye, doğranmış

1 yemek kaşığı taze sıkılmış limon suyu

1 yemek kaşığı taze sıkılmış portakal suyu

1 çay kaşığı portakal kabuğu

1 çay kaşığı pembe Himalaya tuzu

1 su bardağı balık sosu

Talimatlar:

Portakal suyunu limon suyu, biberiye, sarımsak, portakal kabuğu rendesi ve tuzla karıştırın. Karışımı her bifteğin üzerine yayın ve 20 dakika buzdolabında bekletin. Yeniden kapatılabilir büyük bir torbaya aktarın ve balığın içine dökün. Torbayı kapatın ve sous vide'de 131F'de 50 dakika pişirin.

Büyük yapışmaz bir ızgara tavasını ısıtın. Biftekleri vakum poşetinden çıkarın ve her iki tarafı da hafifçe kızarana kadar 3 dakika ızgara yapın.

Tilapya güveci

Hazırlama + pişirme süresi: 65 dakika | Porsiyon: 3

İçindekiler:

1 kilo tilapia filetosu

½ bardak soğan, doğranmış

1 su bardağı havuç, doğranmış

½ bardak kişniş yaprağı, doğranmış

3 diş sarımsak, ince doğranmış

1 su bardağı yeşil biber, ince doğranmış

1 çay kaşığı İtalyan baharat karışımı

1 çay kaşığı acı biber

½ çay kaşığı pul biber

1 su bardağı taze domates suyu

Tatmak için tuz ve karabiber

3 yemek kaşığı zeytinyağı

Talimatlar:

Zeytinyağını orta ateşte ısıtın. Doğranmış soğanı ekleyin ve yarı saydam olana kadar kızartın.

Şimdi dolmalık biber, havuç, sarımsak, kişniş, İtalyan baharatı, kırmızı biber, pul biber, tuz ve karabiberi ekleyin. İyice karıştırın ve on dakika daha pişirin.

Ateşten alın ve domates suyu ve tilapia filetosu ile birlikte büyük, açılıp kapanabilir bir torbaya koyun. Sous vide'de 122F'de 50 dakika pişirin. Su banyosundan çıkarıp servis yapın.

Biberli tereyağlı istiridye

Hazırlama + pişirme süresi: 1 saat 30 dakika | Porsiyon: 2

İçindekiler:

4 oz konserve istiridye

¼ bardak sek beyaz şarap

1 sap kereviz küp şeklinde kesilmiş

1 adet doğranmış yaban havucu

1 arpacık dörde bölünmüş

1 defne yaprağı

1 yemek kaşığı karabiber

1 yemek kaşığı zeytinyağı

8 yemek kaşığı oda sıcaklığında tereyağı

1 yemek kaşığı kıyılmış taze maydanoz

2 diş sarımsak, doğranmış

Tadına göre tuz ekleyin

1 çay kaşığı taze çekilmiş karabiber

¼ bardak panko galeta unu

1 baget, dilimlenmiş

Talimatlar:

Bir su banyosu hazırlayın ve içine Sous Vide'yi yerleştirin. 154F'ye ayarlayın. İstiridyeleri, arpacık soğanlarını, kerevizleri, yaban havuçlarını, şarabı, karabiberleri, zeytinyağını ve defne yapraklarını vakumlu bir torbaya koyun. Suyu sıkarak havayı serbest bırakın, torbayı kapatın ve su banyosuna daldırın. 60 dakika pişirin.

Tereyağı, maydanoz, tuz, sarımsak ve toz biberi mikserle karıştırın. Orta hızda karıştırın. Karışımı plastik bir torbaya koyun ve yuvarlayın. Buzdolabına koyup soğumaya bırakın.

Zamanlayıcı durduktan sonra salyangozu ve sebzeleri çıkarın. Pişirme sıvısını dökün. Bir tavayı yüksek ateşte ısıtın. Kabukları tereyağıyla yağlayın, galeta unu serpin ve eriyene kadar 3 dakika pişirin. Sıcak baget dilimleri ile servis yapın.

Kişniş Alabalık

Hazırlama + pişirme süresi: 60 dakika | Porsiyon: 4

İçindekiler:

2 kilogram alabalık, 4 adet

5 diş sarımsak

1 yemek kaşığı deniz tuzu

4 yemek kaşığı zeytinyağı

1 bardak kişniş yaprağı, doğranmış

2 yemek kaşığı biberiye, doğranmış

¼ su bardağı taze sıkılmış limon suyu

Talimatlar:

Balıkları güzelce temizleyip durulayın. Mutfak kağıdıyla kurulayın ve tuzla ovalayın. Sarımsakları zeytinyağı, kişniş, biberiye ve limon suyuyla karıştırın. Her balığı karışımla doldurun. Ayrı vakumlu kapatılabilir torbalara yerleştirin ve kapatın. Sous Vide'yi 131F'de 45 dakika pişirin.

Mürekkep balığı halkaları

Hazırlama + pişirme süresi: 1 saat 25 dakika | Porsiyon: 3

İçindekiler:

2 bardak kalamar halkası

1 yemek kaşığı taze biberiye

Tatmak için tuz ve karabiber

½ su bardağı zeytinyağı

Talimatlar:

Büyük, temiz bir plastik torbaya kalamar halkalarını biberiye, tuz, karabiber ve zeytinyağıyla birlikte atın. Torbayı kapatın ve iyice kaplanması için birkaç kez sallayın. Büyük bir vakumlama torbasına aktarın ve kapatın. Sous vide'de 131 F'de 1 saat 10 dakika pişirin. Su banyosundan çıkarıp servis yapın.

Biber karides ve avokado salatası

Hazırlama + pişirme süresi: 45 dakika | Porsiyon: 4

İçindekiler:

1 ince doğranmış kırmızı soğan

2 limonun suyu

1 çay kaşığı zeytinyağı

¼ çay kaşığı deniz tuzu

⅛ çay kaşığı beyaz biber

1 pound çiğ karides, soyulmuş ve pişirilmiş

1 adet doğranmış domates

1 doğranmış avokado

1 yeşil biber, çekirdeği çıkarılmış ve doğranmış

1 yemek kaşığı kıyılmış kişniş

Talimatlar:

Bir su banyosu hazırlayın ve içine Sous Vide'yi yerleştirin. 148F'ye ayarlayın.

Limon suyunu, kırmızı soğanı, deniz tuzunu, beyaz biberi, zeytinyağını ve karidesleri açılıp kapanabilir bir torbaya koyun. Suyu sıkarak havayı serbest bırakın, torbayı kapatın ve su banyosuna daldırın. 24 dakika pişirin.

Zamanlayıcı durduktan sonra torbayı çıkarın ve 10 dakika boyunca buzlu su banyosuna koyun. Domates, avokado, yeşil biber ve kişnişi bir kapta karıştırın. Torbanın içeriğini üstüne dökün.

Narenciye safran soslu Tereyağlı Kırmızı Snapper

Hazırlama + pişirme süresi: 55 dakika | Porsiyon: 4

İçindekiler

4 adet temizlenmiş kırmızı biber

2 yemek kaşığı tereyağı

Tatmak için tuz ve karabiber

Narenciye sosu için

1 limon

1 greyfurt

1 limon

3 portakal

1 çay kaşığı Dijon hardalı

2 yemek kaşığı kolza yağı

1 baş sarı soğan

1 kabak, küp şeklinde kesilmiş

1 çay kaşığı safran

1 çay kaşığı biber, küp şeklinde doğranmış

1 yemek kaşığı şeker

3 su bardağı balık sosu

3 yemek kaşığı kıyılmış kişniş

Talimatlar

Bir su banyosu hazırlayın ve içine Sous Vide'yi yerleştirin. 132F'ye ayarlayın. Snapper filetolarını tuz ve karabiberle tatlandırın ve vakumlu bir torbaya koyun. Suyu sıkarak havayı serbest bırakın, torbayı kapatın ve su banyosuna daldırın. 30 dakika pişirin.

Meyveyi soyun ve küpler halinde kesin. Yağı bir tavada orta ateşte ısıtın, ardından soğanı ve kabakları ekleyin. 2-3 dakika kaynatın. Meyve, safran, biber, hardal ve şekeri ekleyin. 1 dakika daha pişirin. Balık suyunu karıştırın ve 10 dakika pişirin. Kişniş ile süsleyin ve bir kenara koyun. Zamanlayıcı durduktan sonra balığı çıkarın ve bir tabağa aktarın. Narenciye ve safranlı sosla süsleyip servis yapın.

Susam kabuğunda morina filetosu

Hazırlama + pişirme süresi: 45 dakika | Porsiyon: 2

İçindekiler

1 büyük morina filetosu

2 yemek kaşığı susam ezmesi

1½ yemek kaşığı esmer şeker

2 yemek kaşığı balık sosu

2 yemek kaşığı tereyağı

susam

Talimatlar

Bir su banyosu hazırlayın ve içine Sous Vide'yi yerleştirin. 131F'ye ayarlayın.

Morina balığını esmer şeker, susam ezmesi ve balık sosu karışımına batırın. Vakumla kapatılabilen bir torbaya yerleştirin. Suyu sıkarak havayı serbest bırakın, torbayı kapatın ve su banyosuna daldırın. 30 dakika pişirin. Tereyağını orta ateşte bir tavada eritin.

Zamanlayıcı durduktan sonra morinayı çıkarın, tavaya aktarın ve 1 dakika pişirin. Servis yaparken servis yapın. Pişirme suyunu tavaya dökün ve yumuşayana kadar pişirin. 1 yemek kaşığı tereyağını ekleyip karıştırın. Sosu morinanın üzerine dökün ve susamla süsleyin. Pirinçle servis yapın.

Ispanak ve hardal soslu kremalı somon

Hazırlama + pişirme süresi: 55 dakika | Porsiyon: 2

BENiçindekiler

4 derisiz somon filetosu

1 büyük demet ıspanak

½ bardak Dijon hardalı

1 bardak ağır krema

1 su bardağı yarım buçuk krema

1 yemek kaşığı limon suyu

Tatmak için tuz ve karabiber

Talimatlar

Bir su banyosu hazırlayın ve içine Sous Vide'yi yerleştirin. 115F'ye ayarlayın. Tuzla tatlandırılmış somonu vakumlu bir torbaya koyun. Suyu sıkarak havayı serbest bırakın, torbayı kapatın ve su banyosuna daldırın. 45 dakika pişirin.

Tencereyi orta ateşte ısıtın ve ıspanakları yumuşayıncaya kadar pişirin. Isıyı azaltın ve limon suyu, karabiber ve tuz ekleyin.

Pişirmeye devam et. Bir tencereyi orta-yüksek ateşte ısıtın ve yarım buçuk kremayı ve Dijon hardalını ekleyip karıştırın. Isıyı azaltın ve pişirin. Tuz ve karabiber ekleyin. Zamanlayıcı durduktan sonra somonu çıkarın ve bir tabağa aktarın. Sosun üzerine dökün. Ispanakla servis yapın.

Biber ve taze salata ile midye

Hazırlama + pişirme süresi: 55 dakika | Porsiyon: 4

İçindekiler

1 kilo deniz tarağı

1 çay kaşığı sarımsak tozu

½ çay kaşığı soğan tozu

½ çay kaşığı kırmızı biber

¼ çay kaşığı acı biber

Tatmak için tuz ve karabiber

salata

3 su bardağı mısır tanesi

½ litre yarıya bölünmüş kiraz domates

1 kırmızı biber küp şeklinde doğranmış

2 yemek kaşığı kıyılmış taze maydanoz

Bandaj

1 yemek kaşığı taze fesleğen

1 limon dörde bölünmüş

Talimatlar

Bir su banyosu hazırlayın ve içine Sous Vide'yi yerleştirin. 122F'ye ayarlayın.

Deniz taraklarını vakumla kapatılabilen bir torbaya yerleştirin. Tuz ve karabiber ekleyin. Sarımsak tozunu, kırmızı biberi, soğanı ve acı biberi bir kasede karıştırın. İçine dökün. Suyu sıkarak havayı serbest bırakın, torbayı kapatın ve su banyosuna daldırın. 30 dakika pişirin.

Bu arada fırını 400F'ye önceden ısıtın. Mısır tanelerini ve kırmızı biberi bir güveç kabına koyun. Zeytinyağı gezdirip tuz ve karabiberle tatlandırın. 5-10 dakika pişirin. Bir kaseye aktarıp maydanozla karıştırın. Sos malzemelerini bir kapta iyice karıştırıp mısır tanelerinin üzerine dökün.

Zamanlayıcı durduktan sonra poşeti çıkarın ve sıcak tavaya aktarın. Her iki tarafını da 2 dakika kızartın. Bir tabakta, kabuklarda ve salatada servis yapın. Fesleğen ve limon dilimiyle süsleyin.

Mangolu tatlı istiridye

Hazırlama + pişirme süresi: 50 dakika | Porsiyon: 4

İçindekiler

1 pound büyük tarak

1 yemek kaşığı tereyağı

<u>Sos</u>

1 yemek kaşığı limon suyu

2 yemek kaşığı zeytinyağı

<u>Süslüyor</u>

1 yemek kaşığı limon kabuğu rendesi

1 yemek kaşığı portakal kabuğu

1 bardak doğranmış mango

1 adet ince dilimlenmiş Serrano biberi

2 yemek kaşığı kıyılmış nane yaprağı

Talimatlar

Deniz taraklarını vakumla kapatılabilen bir torbaya koyun. Tuz ve karabiber ekleyin. Bir gece buzdolabında soğumaya bırakın. Bir su banyosu hazırlayın ve içine Sous Vide'yi yerleştirin. 122F'ye ayarlayın. Su basıncı yöntemini kullanarak havayı serbest bırakın, torbayı kapatın ve bir su banyosuna daldırın. 15-35 dakika pişirin.

Bir tavayı orta ateşte ısıtın. Sos malzemelerini bir kapta iyice karıştırın. Zamanlayıcı durduktan sonra tarakları çıkarın, tavaya aktarın ve altın rengi kahverengi olana kadar pişirin. Bir tabakta servis yapın. Sosun üzerine gezdirin ve dekorasyon için gerekli malzemeleri ekleyin.

Hardal soslu pırasa ve karides

Hazırlama + pişirme süresi: 1 saat 20 dakika | Porsiyon: 4

BENiçindekiler

6 pırasa

5 yemek kaşığı zeytinyağı

Tatmak için tuz ve karabiber

1 arpacık soğanı, kıyılmış

1 yemek kaşığı pirinç sirkesi

1 çay kaşığı Dijon hardalı

1/3 kiloluk pişmiş defne karidesi

İnce kıyılmış taze maydanoz

Talimatlar

Bir su banyosu hazırlayın ve içine Sous Vide'yi yerleştirin. 183F'ye ayarlayın.

Pırasaların üst kısımlarını kesip alt kısımlarını çıkarın. Soğuk suyla yıkayın ve üzerine 1 yemek kaşığı zeytinyağı serpin. Tuz ve karabiber ekleyin. Vakumla kapatılabilen bir torbaya yerleştirin. Suyu sıkarak havayı serbest bırakın, torbayı kapatın ve su banyosuna daldırın. 1 saat pişirin.

Bu arada salata sosu için arpacık soğanı, Dijon hardalı, sirke ve 1/4 bardak zeytinyağını bir kasede birleştirin. Tuz ve karabiber ekleyin. Zamanlayıcı durduktan sonra torbayı çıkarın ve buzlu su banyosuna aktarın. Soğumaya bırakın. Pırasaları 4 tabağa koyun ve tuzlayın. Karidesleri ekleyin ve salata suyunun üzerine dökün. Maydanozla süsleyin.

Hindistan cevizi karides çorbası

Hazırlama + pişirme süresi: 55 dakika | Porsiyon: 6

İçindekiler

8 büyük çiğ karides, soyulmuş ve ayrılmış

1 yemek kaşığı tereyağı

Tatmak için tuz ve karabiber

<u>Çorba için</u>

1 kilo kabak

4 yemek kaşığı limon suyu

2 baş sarı soğan, ince doğranmış

1-2 küçük kırmızı biber, doğranmış

1 limon otu, sadece beyaz kısmı, ince doğranmış

1 çay kaşığı karides ezmesi

1 çay kaşığı şeker

1½ su bardağı hindistan cevizi sütü

1 çay kaşığı demirhindi ezmesi

1 bardak su

½ su bardağı hindistan cevizi kreması

1 yemek kaşığı balık sosu

2 yemek kaşığı taze fesleğen, doğranmış

Talimatlar

Bir su banyosu hazırlayın ve içine Sous Vide'yi yerleştirin. 142F'ye ayarlayın. Karides ve tereyağını vakumla kapatılabilen bir torbaya koyun. Tuz ve karabiber ekleyin. Suyu sıkarak havayı serbest bırakın, torbayı kapatın ve su banyosuna daldırın. 15-35 dakika pişirin.

Bu arada kabakları soyun ve çekirdeklerini çıkarın. Küpler halinde kesin. Bir mutfak robotuna soğan, limon otu, kırmızı biber, karides ezmesi, şeker ve 1/2 bardak hindistan cevizi sütü ekleyin. Pürüzsüz olana kadar karıştır.

Bir tavayı düşük ateşte ısıtın ve soğan karışımını, kalan hindistancevizi sütünü, demirhindi ezmesini ve suyu birleştirin. Kabak ekleyin ve 10 dakika pişirin.

Zamanlayıcı durduktan sonra karidesleri çıkarın ve et suyuna aktarın. Hindistan cevizi kremasını, limon suyunu ve fesleğenleri çırpın. Çorba kaselerinde servis yapın.

Soba erişteli ballı somon

Hazırlama + pişirme süresi: 40 dakika | Porsiyon: 4

İçindekiler

Somon

6 oz. somon fileto, derili

Tatmak için tuz ve karabiber

1 çay kaşığı susam yağı

1 su bardağı zeytinyağı

1 yemek kaşığı taze zencefil, rendelenmiş

2 yemek kaşığı bal

Susam odası

4 ons kuru soba eriştesi

1 yemek kaşığı üzüm çekirdeği yağı

2 diş sarımsak, ince doğranmış

½ baş karnabahar

3 yemek kaşığı tahin

1 çay kaşığı susam yağı

2 çay kaşığı zeytinyağı

¼ limon suyu

1 dilimlenmiş taze soğan sapı

¼ bardak kişniş, iri kıyılmış

1 çay kaşığı kavrulmuş haşhaş tohumu

Dekorasyon için limon dilimi

Dekorasyon için susam tohumları

2 yemek kaşığı kişniş, doğranmış

Talimatlar

Bir su banyosu hazırlayın ve içine Sous Vide'yi yerleştirin. 123F'ye ayarlayın. Somonu tuz ve karabiberle tatlandırın. Susam yağı, zeytinyağı, zencefil ve balı bir kapta karıştırın. Somonu ve karışımı vakumla kapatılabilen bir torbaya koyun. İyi çalkala. Suyu sıkarak havayı serbest bırakın, torbayı kapatın ve su banyosuna daldırın. 20 dakika pişirin.

Bu arada soba eriştelerini hazırlayın. Üzüm çekirdeği yağını bir tavada yüksek ateşte ısıtın ve içindeki karnabahar ve sarımsağı 6-8 dakika karıştırarak kızartın. Bir kapta tahin, zeytinyağı, susam yağı, limon suyu, kişniş, yeşil soğan ve kavrulmuş susamları iyice karıştırın. Makarnayı süzüp karnabaharın üzerine ekleyin.

Bir tavayı yüksek ateşte ısıtın. Pişirme kağıdıyla örtün. Zamanlayıcı durduktan sonra somonu çıkarın ve tavaya aktarın. 1 dakika kızartın. Makarnayı iki kasede servis edin ve somonu ekleyin. Misket limonu dilimleri, haşhaş tohumu ve kişniş ile süsleyin.

Mayonezli gurme ıstakoz

Hazırlama + pişirme süresi: 40 dakika | Porsiyon: 2

İçindekiler

2 ıstakoz kuyruğu

1 yemek kaşığı tereyağı

2 baş tatlı soğan, ince doğranmış

3 yemek kaşığı mayonez

Tadına göre tuz ekleyin

Bir tutam karabiber

2 çay kaşığı limon suyu

Talimatlar

Bir su banyosu hazırlayın ve içine Sous Vide'yi yerleştirin. 138F'ye ayarlayın.

Suyu bir tencerede yüksek ateşte kaynatın. Istakoz kuyruğunun kabuğunu açın ve suya batırın. 90 saniye pişirin. Buzlu su banyosuna aktarın. 5 dakika soğumaya bırakın. Kabuklarını kırıp kuyruklarını çıkarın.

Kuyruğu tereyağla birlikte vakumla kapatılabilen bir torbaya yerleştirin. Suyu sıkarak havayı serbest bırakın, torbayı kapatın ve su banyosuna daldırın. 25 dakika pişirin.

Zamanlayıcı durduktan sonra kuyrukları çıkarın ve kurulayın. Kenara otur. 30 dakika soğumaya bırakın. Mayonez, tatlı soğan, kırmızı biber ve limon suyunu bir kapta karıştırın. Kuyrukları kesin, mayonez karışımına ekleyin ve iyice karıştırın. Kızarmış ekmekle servis yapın.

Karides partisi kokteyli

Hazırlama + pişirme süresi: 40 dakika | Porsiyon: 2

İçindekiler

1 kiloluk karides, soyulmuş ve ayrılmış

Tatmak için tuz ve karabiber

4 yemek kaşığı taze dereotu, ince doğranmış

1 yemek kaşığı tereyağı

4 yemek kaşığı mayonez

2 yemek kaşığı taze soğan, kıyılmış

2 çay kaşığı taze sıkılmış limon suyu

2 çay kaşığı domates salçası

1 yemek kaşığı tabasco sosu

Akşam yemeği için 4 dikdörtgen rulo

8 adet yeşil salata yaprağı

½ limon, dilimler halinde kesilmiş

Talimatlar

Bir su banyosu hazırlayın ve içine Sous Vide'yi yerleştirin. 149F'ye ayarlayın. Baharat olarak mayonez, yeşil soğan, limon suyu, salça ve Tabasco sosunu iyice karıştırın. Tuz ve karabiber ekleyin.

Karidesleri ve baharatları vakumla kapatılabilen bir torbaya koyun. Her pakete 1 yemek kaşığı dereotu ve 1/2 yemek kaşığı tereyağı ekleyin. Suyu sıkarak havayı serbest bırakın, torbayı kapatın ve su banyosuna daldırın. 15 dakika pişirin.

Fırını önceden 400F'ye ısıtın ve akşam yemeği rulolarını 15 dakika pişirin. Zamanlayıcı durduktan sonra torbayı çıkarın ve boşaltın. Karidesleri sosla birlikte kaseye koyun ve iyice karıştırın. Limonlu yeşil salata halkasıyla servis yapın.

Otlu limonlu somon

Hazırlama + pişirme süresi: 45 dakika | Porsiyon: 2

İçindekiler

2 derisiz somon filetosu

Tatmak için tuz ve karabiber

¾ bardak sızma zeytinyağı

İnce halkalar halinde kesilmiş 1 arpacık soğanı

1 yemek kaşığı fesleğen yaprağı, hafifçe doğranmış

1 çay kaşığı yenibahar

3 ons karışık sebze

1 limon

Talimatlar

Bir su banyosu hazırlayın ve içine Sous Vide'yi yerleştirin. 128F'ye ayarlayın.

Somonu tekrar kapatılabilir bir torbaya koyun ve tuz ve karabiberle tatlandırın. Arpacık soğan halkalarını, zeytinyağını, yenibaharı ve fesleğeni ekleyin. Suyu sıkarak havayı serbest bırakın, torbayı kapatın ve su banyosuna daldırın. 25 dakika pişirin.

Zamanlayıcı durduktan sonra poşeti çıkarın ve somonu bir tabağa aktarın. Pişirme suyunu biraz limon suyuyla karıştırın ve üzerine somon filetoyu yerleştirin. Hizmet ediyor.

Tereyağlı tuzlu ıstakoz kuyruğu

Hazırlama + pişirme süresi: 1 saat 10 dakika | Porsiyon: 2

İçindekiler

8 yemek kaşığı tereyağı

2 ıstakoz kuyruğu, kabuksuz

2 dal taze tarhun

2 yemek kaşığı adaçayı

Tadına göre tuz ekleyin

limon dilimleri

Talimatlar

Bir su banyosu hazırlayın ve içine Sous Vide'yi yerleştirin. 134F'ye ayarlayın.

Istakoz kuyruklarını, tereyağını, tuzu, adaçayı ve tarhunu vakumlu bir torbaya koyun. Suyu sıkarak havayı serbest bırakın, torbayı kapatın ve su banyosuna daldırın. 60 dakika pişirin.

Zamanlayıcı durduktan sonra torbayı çıkarın ve ıstakozu bir tabağa aktarın. Üzerine tereyağı sürün. Limon dilimleriyle süsleyin.

Karnabahar ve yumurtalı erişte ile Tay somonu

Hazırlama + pişirme süresi: 55 dakika | Porsiyon: 2

İçindekiler

2 adet derili somon filetosu

Tatmak için tuz ve karabiber

1 yemek kaşığı zeytinyağı

4½ yemek kaşığı soya sosu

2 yemek kaşığı öğütülmüş taze zencefil

2 ince dilimlenmiş Tay biberi

6 yemek kaşığı susam yağı

4 oz. hazırlanmış yumurtalı erişte

6 ons pişmiş karnabahar çiçeği

5 çay kaşığı susam

Talimatlar

Bir su banyosu hazırlayın ve içine Sous Vide'yi yerleştirin. 149F'ye ayarlayın. Alüminyum folyo ile kaplı bir fırın tepsisi hazırlayın ve üzerine somonu yerleştirin, tuz ve karabiberle tatlandırın ve ardından başka bir alüminyum folyo ile örtün. Fırında 30 dakika pişirin.

Pişmiş somonu vakumla kapatılabilen bir torbaya koyun. Suyu sıkarak havayı serbest bırakın, torbayı kapatın ve su banyosuna daldırın. 8 dakika pişirin.

Zencefil, kırmızı biber, 4 yemek kaşığı soya sosu ve 4 yemek kaşığı susam yağını bir kapta karıştırın. Zamanlayıcı durduğunda poşeti çıkarın ve somonu makarna kasesine aktarın. Kızartılmış tohumlar ve somon derisiyle süsleyin. Zencefil ve biber sosunu gezdirip servis yapın.

Dereotu ile kolay levrek

Hazırlama + pişirme süresi: 35 dakika | Porsiyon: 3

İçindekiler

1 pound Şili levreği, derisiz

1 yemek kaşığı zeytinyağı

Tatmak için tuz ve karabiber

1 yemek kaşığı dereotu

Talimatlar

Bir su banyosu hazırlayın ve içine Sous Vide'yi yerleştirin. 134F'ye ayarlayın. Levreği tuz ve karabiberle tatlandırın ve vakumlu bir torbaya koyun. Dereotu ve zeytinyağını ekleyin. Suyu sıkarak havayı serbest bırakın, torbayı kapatın ve su banyosuna daldırın. 30 dakika pişirin. Zamanlayıcı durduktan sonra poşeti çıkarın ve levreği bir tabağa aktarın.

Kızartılmış tatlı biberli karidesleri karıştırın

Hazırlama + pişirme süresi: 40 dakika | Porsiyon: 6

İçindekiler

1½ kilo karides

3 adet kurutulmuş kırmızı biber

1 yemek kaşığı rendelenmiş zencefil

6 diş ezilmiş sarımsak

2 yemek kaşığı şampanya

1 yemek kaşığı soya sosu

2 çay kaşığı şeker

½ çay kaşığı mısır nişastası

3 yeşil soğan, doğranmış

Talimatlar

Bir su banyosu hazırlayın ve içine Sous Vide'yi yerleştirin. 135F'ye ayarlayın.

Zencefil, diş sarımsak, kırmızı biber, şampanya, şeker, soya sosu ve mısır nişastasını karıştırın. Soyulmuş karidesleri karışımla birlikte tekrar kapatılabilir bir torbaya koyun. Suyu sıkarak havayı serbest bırakın, kapatın ve bir su banyosuna daldırın. 30 dakika pişirin.

Yeşil soğanları orta ateşte bir tavaya koyun. Yağ ekleyin ve 20 saniye pişirin. Zamanlayıcı durduktan sonra pişmiş karidesleri çıkarın ve bir kaseye aktarın. Soğanla süsleyin. Pirinçle servis yapın.

Meyveli Tay Karidesleri

Hazırlama + pişirme süresi: 25 dakika | Porsiyon: 4

İçindekiler

2 kilo karides, soyulmuş ve temizlenmiş

4 soyulmuş ve doğranmış papaya

2 arpacık, dilimlenmiş

¾ bardak kiraz domates, ikiye bölünmüş

2 yemek kaşığı kıyılmış fesleğen

¼ bardak kuru kavrulmuş fıstık bir tavada

Tay sosu

¼ bardak limon suyu

6 yemek kaşığı şeker

5 yemek kaşığı balık sosu

4 diş sarımsak

4 küçük kırmızı biber

Talimatlar

Bir su banyosu hazırlayın ve içine Sous Vide'yi yerleştirin. 135F'ye ayarlayın. Karidesleri vakumla kapatılabilen bir torbaya koyun. Suyu sıkarak havayı serbest bırakın, torbayı kapatın ve su banyosuna daldırın. 15 dakika pişirin. Limon suyunu, balık sosunu ve şekeri bir kapta iyice karıştırın. Sarımsak ve biberi ezin. Karışıma pansumanı ekleyin.

Zamanlayıcı durduktan sonra karidesleri poşetten çıkarın ve bir kaseye aktarın. Papaya, Tay fesleğen, yeşil soğan, domates ve fıstık ekleyin. Sır pansuman ile.

Limonlu karidesli Dublin yemeği

Hazırlama + pişirme süresi: 1 saat 15 dakika | Porsiyon: 4

İçindekiler

4 yemek kaşığı tereyağı

2 yemek kaşığı limon suyu

2 diş taze sarımsak, ince doğranmış

1 çay kaşığı taze limon kabuğu rendesi

Tatmak için tuz ve karabiber

1 kiloluk jumbo karides, soyulmuş ve pişirilmiş

½ bardak panko galeta unu

1 yemek kaşığı taze maydanoz, kıyılmış

Talimatlar

Bir su banyosu hazırlayın ve içine Sous Vide'yi yerleştirin. 135F'ye ayarlayın.

3 yemek kaşığı tereyağını orta ateşte bir tavada ısıtın ve limon suyu, tuz, karabiber, sarımsak ve lezzet ekleyin. 5 dakika soğumaya bırakın. Karidesleri ve karışımı vakumla kapatılabilen bir torbaya koyun. Suyu sıkarak havayı serbest bırakın, torbayı kapatın ve su banyosuna daldırın. 30 dakika pişirin.

Bu arada tereyağını bir tavada orta ateşte ısıtın ve panko ekmek kırıntılarını kızartın. Zamanlayıcı durduğunda karidesleri çıkarın, bir tencereye aktarın ve et suyunda pişirin. 4 çorba kasesine paylaştırın ve üzerine galeta unu serpin.

Biber ve sarımsak soslu sulu midye

Hazırlama + pişirme süresi: 75 dakika | Porsiyon: 2

İçindekiler

2 yemek kaşığı sarı köri tozu

1 yemek kaşığı domates püresi

½ su bardağı hindistan cevizi kreması

1 çay kaşığı biber ve sarımsak sosu

1 yemek kaşığı limon suyu

6 Yakup'un şapkası

Servis için pişmiş kahverengi pirinç

Taze kişniş, doğranmış

Talimatlar

Bir su banyosu hazırlayın ve içine Sous Vide'yi yerleştirin. 134F'ye ayarlayın.

Hindistan cevizi kremasını, domates salçasını, köri tozunu, limon suyunu ve biber sarımsak sosunu karıştırın. Karışımı kabuklarla birlikte vakumlu bir torbaya koyun. Suyu sıkarak havayı serbest bırakın, torbayı kapatın ve su banyosuna daldırın. 60 dakika pişirin.

Zamanlayıcı durduktan sonra poşeti çıkarın ve bir tabağa aktarın. Kahverengi pirinci servis edin ve üzerine istiridye ekleyin. Kişniş ile süsleyin.

Erişte ile körili karides

Hazırlama + pişirme süresi: 25 dakika | Porsiyon: 2

İçindekiler

1 kilo kuyruklu karides

8 oz erişte, pişirilmiş ve süzülmüş

1 çay kaşığı pirinç şarabı

1 çay kaşığı köri tozu

1 yemek kaşığı soya sosu

1 taze soğan, dilimlenmiş

2 yemek kaşığı bitkisel yağ

Talimatlar

Bir su banyosu hazırlayın ve içine Sous Vide'yi yerleştirin. 149F'ye ayarlayın. Karidesleri vakumla kapatılabilen bir torbaya koyun. Suyu sıkarak havayı serbest bırakın, torbayı kapatın ve su banyosuna daldırın. 15 dakika pişirin.

Yağı bir tavada orta ateşte ısıtın, ardından pirinç şarabını, köri tozunu ve soya sosunu ekleyin. İyice karıştırıp hamuru yoğurun. Zamanlayıcı durduktan sonra karidesleri çıkarın ve makarna karışımına aktarın. Yeşil soğanla süsleyin.

Maydanozlu baharatlı kremalı morina

Hazırlama + pişirme süresi: 40 dakika | Porsiyon: 6

İçindekiler

<u>Morina için</u>

6 morina filetosu

Tadına göre tuz ekleyin

1 yemek kaşığı zeytinyağı

3 dal taze maydanoz

<u>sosu için</u>

1 bardak beyaz şarap

1 su bardağı yarım buçuk krema

1 ince kıyılmış sarımsak

2 yemek kaşığı kıyılmış dereotu

2 çay kaşığı karabiber

Talimatlar

Bir su banyosu hazırlayın ve içine Sous Vide'yi yerleştirin. 148F'ye ayarlayın.

Tuzla tatlandırılmış morina filetolarını vakumla kapatılabilen torbalara yerleştirin. Zeytinyağı ve maydanozu ekleyin. Suyu sıkarak havayı serbest bırakın, torbayı kapatın ve su banyosuna daldırın. 30 dakika pişirin.

Tencereyi orta ateşte ısıtın, şarabı, soğanı ve karabiberi ekleyip yumuşayana kadar pişirin. Kremayı koyulaşana kadar yarı yarıya karıştırın. Zamanlayıcı durduktan sonra balığı bir tabağa koyun ve üzerine sosu dökün.

Somonlu Fransız Pot de Rillettes

Hazırlama + pişirme süresi: 2 saat 30 dakika | Porsiyon: 2

İçindekiler

½ kilo derisiz somon fileto

1 çay kaşığı deniz tuzu

6 yemek kaşığı tereyağı

1 soğan ince doğranmış

1 diş sarımsak, doğranmış

1 yemek kaşığı limon suyu

Talimatlar

Bir su banyosu hazırlayın ve içine Sous Vide'yi yerleştirin. 130F'ye ayarlayın. Somonu, tuzsuz tereyağını, deniz tuzunu, sarımsak dişlerini, soğanı ve limon suyunu açılıp kapanabilir bir torbaya koyun. Suyu sıkarak havayı serbest bırakın, torbayı kapatın ve su banyosuna daldırın. 20 dakika pişirin.

Zamanlayıcı durduktan sonra somonu çıkarın ve 8 küçük kaseye aktarın. Pişirme suyuyla baharatlayın. 2 saat buzdolabında soğumaya bırakın. Kızartılmış ekmek dilimleri ile servis yapın.

Hindistan cevizli patates püresi ile adaçayı somonu

Hazırlama + pişirme süresi: 1 saat 30 dakika | Porsiyon: 2

İçindekiler

2 adet derili somon filetosu

2 yemek kaşığı zeytinyağı

2 dal adaçayı

4 diş sarımsak

3 patates, soyulmuş ve doğranmış

¼ bardak hindistan cevizi sütü

1 demet gökkuşağı pazı

1 yemek kaşığı rendelenmiş zencefil

1 yemek kaşığı soya sosu

Tatmak için deniz tuzu

Talimatlar

Bir su banyosu hazırlayın ve içine Sous Vide'yi yerleştirin. 122F'ye ayarlayın. Somonu, adaçayı, sarımsağı ve zeytinyağını vakumlu bir torbaya koyun. Suyu sıkarak havayı serbest bırakın, torbayı kapatın ve su banyosuna daldırın. 1 saat pişirin.

Fırını 375F'ye önceden ısıtın. Patatesleri yağla yağlayın ve 45 dakika pişirin. Patatesleri blendera aktarın ve hindistancevizi sütünü ekleyin. Tuz ve karabiber ekleyin. Pürüzsüz hale gelinceye kadar 3 dakika karıştırın.

Zeytinyağını bir tavada orta ateşte ısıtın ve içindeki zencefili, pazıyı ve soya sosunu kızartın.

Zamanlayıcı durduktan sonra somonu çıkarın ve sıcak tavaya aktarın. 2 dakika kızartın. Servis tabağına alıp üzerine patates püresini ekleyin ve üzerine kızarmış makarnayı ekleyin.

Dereotlu bebek ahtapot yemeği

Hazırlama + pişirme süresi: 60 dakika | Porsiyon: 4

İçindekiler

1 kilo genç ahtapot

1 yemek kaşığı zeytinyağı

1 yemek kaşığı taze sıkılmış limon suyu

Tatmak için tuz ve karabiber

1 yemek kaşığı dereotu

Talimatlar

Bir su banyosu hazırlayın ve içine Sous Vide'yi yerleştirin. 134F'ye ayarlayın. Ahtapotu vakumla kapatılabilen bir torbaya yerleştirin. Suyu sıkarak havayı serbest bırakın, torbayı kapatın ve su banyosuna daldırın. 50 dakika pişirin. Zamanlayıcı durduktan sonra ahtapotu çıkarın ve silerek kurulayın. Ahtapotu biraz zeytinyağı ve limon suyuyla karıştırın. Tuz, karabiber ve dereotu ile tatlandırın.

Hollandaise soslu tuzlu somon

Hazırlama + pişirme süresi: 1 saat 50 dakika | Porsiyon: 4

BENiçindekiler

4 somon filetosu

Tadına göre tuz ekleyin

<u>hollandez sosu</u>

4 yemek kaşığı tereyağı

1 yumurta sarısı

1 çay kaşığı limon suyu

1 çay kaşığı su

½ arpacık soğanı küp şeklinde doğranmış

Bir tutam kırmızı biber

Talimatlar

Somonu tuzlayın. 30 dakika soğumaya bırakın. Bir su banyosu hazırlayın ve içine Sous Vide'yi yerleştirin. 148F'ye ayarlayın. Tüm sos malzemelerini vakumla kapatılabilen bir torbaya koyun. Suyu sıkarak havayı serbest bırakın, torbayı kapatın ve su banyosuna daldırın. 45 dakika pişirin.

Zamanlayıcı durduktan sonra torbayı çıkarın. Bir kenara koyarsın, görmezden gelirsin. Sous Vide sıcaklığını 120 F'a düşürün ve somonu vakumla kapatılabilen bir torbaya koyun. Suyu sıkarak havayı serbest bırakın, torbayı kapatın ve su banyosuna daldırın. 30 dakika pişirin. Sosu bir karıştırıcıya aktarın ve açık sarı olana kadar karıştırın. Zamanlayıcı durduktan sonra somonu çıkarın ve kurulayın. Üstüne sos ekleyerek servis yapın.

İnanılmaz limonlu fesleğen somonu

Hazırlama + pişirme süresi: 35 dakika | Porsiyon: 4

İçindekiler

2 kilo somon

2 yemek kaşığı zeytinyağı

1 yemek kaşığı kıyılmış fesleğen

1 limon kabuğu rendesi ve

1 limonun suyu

¼ çay kaşığı sarımsak tozu

Tatmak için deniz tuzu ve karabiber

Talimatlar

Bir su banyosu hazırlayın ve içine Sous Vide'yi yerleştirin. 115F'ye ayarlayın. Somonu vakumla kapatılabilen bir torbaya koyun. Suyu sıkarak havayı serbest bırakın, torbayı kapatın ve su banyosuna daldırın. 30 dakika pişirin.

Bu arada biber, tuz, fesleğen, limon suyu ve sarımsak tozunu bir kapta emülsifiye olana kadar iyice karıştırın. Zamanlayıcı durduktan sonra somonu çıkarın ve bir tabağa aktarın. Pişirme stokunu saklayın. Zeytinyağını bir tavada yüksek ateşte ısıtın ve sarımsak dilimlerini soteleyin. Sarımsakları bir kenara bırakın. Somonu tavaya yerleştirin ve altın rengi kahverengi olana kadar 3 dakika pişirin. Sarımsak dilimlerini tabağa ve üstüne yerleştirin.